どんな仕事でも
必ず成果が出せる

トヨタの自分で考える力

原マサヒコ MASAHIKO HARA

ダイヤモンド社

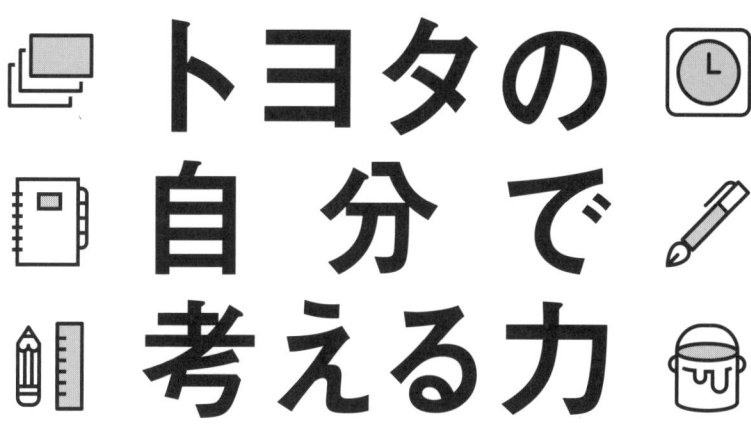

トヨタの現場はなぜ強いのか？

それは、現場の一人ひとりが、
自分で問題を見つけ出し、
仕事のプロセスを改善し続け、
みんなで共有しているからだ。

現状をより良いものへと変える力
正しく問題を把握する力
迅速に行動し解決する力

つまり、自分の頭で考える力を
持っているから。

トヨタには、日々の仕事の中で
そうした力を鍛えるための
「思考の型」がある。

「改善思考」「横展思考」
「現場思考」「真因思考」「行動思考」
この五つの型によって、
誰もが正しく考えられ、
必ず成果を出せるように
方向付けられているのである。

はじめに

「考え方」を鍛えたい。

そう思うビジネスパーソンは多いのではないでしょうか。細かな仕事術や効率化を学ぶのも大事ですが、「思考」というのはビジネスにおいて根幹にあるものだからかもしれません。どんなに優れたフレームワークでも、それを扱うのは人であり、その人には考え方があります。どんなに優れたアプリケーションでも、それを扱うのはやはり人であり、その人には考え方があるのです。

その「考え方」が日々鍛えられている会社がありました。

私が働いていたトヨタです。

トヨタの現場では、よく言われている「口グセ」がありました。これらは、トヨタのDNAとも言えるのですが、現場で働く人が「自分の頭で考える」ための強力なガイド、思考の型としての役割を果たしていました。

その現場にいた私も、何度となくこの「口グセ」に助けられてきたのです。また、トヨタを離れた今も、そのときに身につけた口グセや思考が仕事を円滑に回してくれている状況が続いています。

後になって、その口グセは大きく分けると「五つの思考」に基づいたものであることがわかりました。

一つずつご説明しましょう。

①改善思考

知恵を出しながら現状を少しでも良いものに変えていこう、という考え方です。仕事において、言われたことだけをやっていては周りから認めてもらえません。この考え方を身につけることで、「時間あたりの質」や「頭を使うこと」の重要性を再認識することができ、今までより結果を出すことができます。

②横展思考

発想や行動をずらしていこう、という考え方です。企業において、同じようなことを別の部署で行っていたり、誰かが解決した問題に別の部署で取り組んでいたりするケースは非常に多く見聞きします。しかし、これはとてもムダです。横展思考を身につけることで、組織のムダや個人のムダを排除することができ、自身の視野が広がるため成長にもつながっていきます。また、新しいアイデアが生まれたり、少ない力で大きな成果を出すこともできるようになります。

③現場思考

現場を最優先に理解して答えを見出そう、という考え方です。ある刑事が「事件は現場で起きている」と言ったのは有名な話ですが、どんなにテクノロジーが進化しても、現場の情報量には適いません。この思考を身につけることで、正しい判断力を得ることができ、自身の視野を広げられます。

④真因思考

表面上の出来事ではなく本質を見抜いていこう、という考え方です。仕事をしていれば、重要な決断をしなければいけなかったり、トラブルに直面して問題解決をしなければいけないことは多々あります。この思考を身につけることで、表面的な出来事に振り回されて安易な判断をせずに、本質を見極めて対応することができるようになります。

⑤行動思考

まず動くことで新たな思考を生み出していこう、という考え方です。変化の激しい時代において、机上の空論を突き詰めていては状況に対応できなくなってしまいます。まず行動してみる、という行動思考を身につけることで、精度の高いアウトプットが出せるようになり、成長率が飛躍的に向上していくはずです。

この五つが、トヨタの考え方における大きな思考グループだと私は考えていますが、では具体的にそれぞれの思考にどのような口グセがあるのでしょうか。また、どのような場面で使うべきものなのでしょうか。

その解説をただ書き連ねても、なかなかイメージがわかないですし、自分に置き換えて考えにくいかと思います。

本書では一つのストーリーに乗せて、この口グセを身につけていただこうと思います。物語を読み進めるうちに、あなたにもトヨタの考え方が少しずつインストールされていくはずです。トヨタ秘伝の思考法を、ぜひ一緒に学んでみてください。

第1章 どうすれば成果はあがるのか？

改善思考

第2章

視点をずらして1＋1＝3にする

横展思考

第3章

問題がわかれば九割解決できる

現場思考

第4章

本質をどう見抜くのか？

真因思考

第5章 スピードが解決を前進させる

行動思考

第1章

どうすれば成果はあがるのか？

改善思考

整理・片づけから業務プロセスの効率化まで、ムダを減らし、生産性をあげるための考え方とは？

POINT

自分がよりラクになるように作業・設備・工程を改善していく

自分の頭で考えるヒント

1 ▶ ムダな動作を減らす

2 ▶ 付加価値を生む仕事の比率を高める

3 ▶ 自分の知恵を足す

1 時間は動作の影

僕は焦っていた。

珍しく朝早くに会社へ来て、机に向かっている。サーバーコンピュータの契約書を作成しているのだ。

三カ月も粘って今月やっと五台の契約が取れた。今日中にその契約書を送らなければいけないのに、昨晩の段階ではまだ何も手をつけていなかった。

忘れていたわけではない。別件の対応に追われてしまっていたのだ。ため息交じりに窓の外へ目を向けると、隣のビルの窓に朝陽が反射して光って見えた。普段あまり見慣れない朝陽の光景に、僕は一瞬だけ焦りを忘れてしまう。

書類に目を戻し、収入印紙を貼ろうと引き出しを開けた。しかし、あると思っていた場所に収入印紙が見当たらない。はて、収入印紙はどこに入れたのか。引き出しでなければクリアファイルに挟んで書類の上に置いてあったはずだ。

机の上にそびえ立つ書類の山に手を掛けたところで、背後から低い声が聞こえた。

「朝早くから仕事だなんて関心ですね」

僕の肩が思わずビクンと動いた。

咄嗟に振り返ると、スーツの上に紺色のジャンパーを羽織った五〇歳前後の男性が歯を見せながら立っている。誰だ、このジャンパーの人は。

顎髭がやけに整えられていて小綺麗だけれども、こんな時間にジャンパーを着て社内にいるなんて、業者の人ぐらいだろう。ふと視線を落とすと、手にモップを持っているのが見えた。やはり清掃業者の人か。ここはひとまず愛想よく返事でもしておこう、と思った。

「いえ、まあ、仕事というか、ちょっとした探しものですよ」

「探しもの?」

ジャンパーの人は、眉間に皺を寄せた。そしてモップを壁に立て掛けてから、右手で顎髭をゆっくりと撫でた。

「『モノを探すな、モノを取れ』という言葉を知っているかな?」

「は?」。なんだこのジャンパーの人は。あからさまにそんな顔をしながら僕は「いえ」と答える。

するとジャンパーの人がフッと笑いながら、人差し指を僕の机の書類に向けて言ってくる。

「そもそも、キミの仕事でそんなにたくさんの資料がいるとは思えないけどね」

思わぬ言葉に僕は少しだけ苛立ちを覚え、目の前にある資料の束を手に取った。これは確か、もう捨てようと思っていた会議資料だ。

「じゃあ、これ捨てておいてもらえますか?」

口を尖らせながらそう言って、資料を突き出した。するとジャンパーの人は、資料を受け取りながら口角を上げ「わかりました」と言ってから、モップを握ってその場を立ち去っていった。

清掃業者の人に仕事のことをゴチャゴチャ言われてしまうなんて、朝から僕はツイていない。

無事に収入印紙を見つけて書類を完成させた後、僕の足はトイレに向かっていた。昔から僕は、嫌なことがあるとトイレに入らないと落ち着かないクセがある。もしかしたら水に流すという隠喩もこめられているのかもしれない。扉を閉めて便座に座り込んでから、頭を両手で抱えた。

昨晩も遅くまで業務対応に追われていたのに、いくら時間があっても仕事が片づかない。今朝も早く来なければいけないほどだったし、プライベートの時間は仕事に蝕まれていく一方だ。それで給与がべらぼうに高いかというと、そういうわけでもない。リーダーにならなければ昇給もしないし、まだ声はかかっていない。同期の生田は昨年からリーダーを任されており、目に見えて差をつけられている。

挙句の果てには掃除のおじさんにまで説教まがいのことを言われる始末だ。このままの働き方で本当にいいのだろうか。

僕はひとしきり頭の中で自問自答を繰り返してから、水を流した。ほんの少しだけすっきりした気持ちでドアを開け、再び自分の席に戻っていく。窓から差し込んでくる朝陽が、煩わしく感じた。


しばらくすると、オフィスの入り口がにぎやかになってきた。

「翔太、おはよう」。美香さんだ。高めの声がフロアに響き渡る。長い髪を振り乱しながら、バッグを机にドサッと置き、椅子に座った。

「おはようございます」

気がつくと、美香さん以外にもチームメンバーがぞろぞろと出勤してきていた。

「翔太が私より早いなんて珍しいわね。雨でも降らなきゃいいけど」

パソコンを立ち上げながら、朝からチクリと刺してくる。いや、美香さんはいつだって「鋭利」だ。

始業の九時を待たずして、町田部長の太い声がフロアに響きわたる。

「よし、朝礼始めるぞ」

フロアの全員がその場で立ち上がった。キングコンピュータ本社の5Fフロアは営業本部で構成されており、この部署を取り仕切っているのが町田部長だ。

独特の野太い声で、いつものように本日の部署の予定と連絡事項が言い渡された後、「ちょっとみんなに話がある」と付け加えた。

途端に僕は、嫌な予感がした。町田部長は、僕の不安などお構いなしに話を続ける。

「我々キングコンピュータは、昨今のクラウド化の波に乗り、サーバーの売り上げを大きく伸ばしてきた。しかし、ここ数年は頭打ちになってきている。マーケットのニーズは高まっているにも関わらずだ。これは『営業力不足』にほかならない」

フロア全体が、しんと静まりかえる。

「キングコンピュータの目下の課題は、営業力の強化だ。これは社長の判断でもある。そのために、先日よりイントラネットでもアナウンスしていた通り、新しい営業統括の取締役が着任することになった」

すると、入り口ドアが開き、スーツに紺色のジャンパーを羽織った人が入ってきた。

「あのジャンパーの人……」。僕は、呼吸が止まった。

「新しく就任された金城取締役だ」。ジャンパーを羽織った人が、軽く一礼をした。そこから町田部長の話があまり耳に入ってこなくなってしまったが、トヨタで現場を統括する本部長だった、とか言っていたはずだ。

「我々の営業現場についていて見てもらうことになっているから、しっかりと指導してもらうように。では金城取締役、ひとことお願いします」

ジャンパーを羽織った人こと取締役は、再び一礼をしてから話し始めた。

「今日からみなさんと共に働かせていただく金城です。まずはみなさんの活動をじっくりと拝見させていただきますので、なにとぞよろしく」

「よろしくお願いします！」。営業本部のみんなが威勢よく声を発したものの、僕は口をぽかんと開けたまま何も言えずにいた。

「あの人、新しい取締役だったのか……」。僕は今朝のやり取りを思い出そうとしながら、額に汗が滲み始めるのを感じた。

朝礼が終わり、金城取締役がドアを開けて出ようとした瞬間、目が合った。すると取締役は、ニヤリと口角を持ち上げてくる。僕の額の汗は、粒となってこめかみを滑り落ちていった。

僕は呆然としながら席に着いた。すると、美香さんが横から顔をのぞき込んでくる。

「どうしたの、あんた。顔が青くなってるけど」

「い、いいえ、あの人が取締役かぁ、と思いまして」。僕は慌てて額の汗を手で拭った。

「あの人かぁって、イントラネットでも写真付きで載ってたじゃない」

——そうだったのか。「すみません、見てなかったです」

美香さんが小さく舌打ちをしてから口を開く。「昔からどんくさいわよね、翔太は。でもあの人が取締役だと、なんで翔太の顔が青くなるわけ？」

「いえ、朝ちょっと会話をさせていただいたんですけど、あの……」。僕の目が、自覚できるほどに泳ぎだした。

「会話したの？　え、もしかして何か失礼なこと言ったんじゃないの？　何かやらかしたならとりあえず謝ってきなよ。私にまで何か降りかかって来たら厄介だし」

「ああ、はい」

僕は、美香さんの言う通り本当に謝りに行こうと思った。清掃業者だと思い込んでゴミを押し付けてしまったし、きっと怒っているに違いない。

部長にバレないよう、総務の担当者に取締役の居場所を聞き出してみると、どうやら８Ｆフロアに社長が用意した取締役室があるらしい。僕は雑務を終えてからコッソリと８Ｆに足を向けた。

エレベーターを降りて廊下を進むと、正面に重厚な扉が現れた。扉の上には「取締役室」と銀色のプレートが掲げられている。

木目調の扉を恐る恐るノックすると、「どうぞ」と中から声がした。金城取締役の声だ。

「失礼します」と言いながらドアを開けると、金城取締役は驚いた顔をしながらこちらを凝視した。

「あの、今朝は大変失礼いたしました。取締役とは存じ上げませんで」

「ああ、今朝のキミか。まあそこに座りなよ。私の話も終わっていなかったからね」

金城取締役は涼しげな顔をしながら、ソファを手で指し示した。

茶色の革があしらわれた大きなソファにゆっくりと腰掛け、辺りを見渡した。物がほとんど置かれていないが、机の端に『よい品、よい考え』と書かれた額縁が立て掛けられている。金城取締役が、向かいのソファに腰を掛けた。

「ところでキミ、名前は？　入社何年目？」

「はい、大野翔太といいます。入社八年目です」。言いながら僕は、背筋をピンと伸ばした。

「翔太くんか。今朝わたしが言った『モノを探すな』という意味はわかったかな」

「え？　ええ」。僕は適当な相槌を打った。

「じゃあ、どんな行動に移したのかな」

「いえ、特に何かをしたというわけでは……」。額ににじむ汗を拭いながら答えた。

「それではわかったとは言えないな。理解するというのは行動に移して初めてわかったといえるんだよ」。取締役の低い声が部屋を包み、僕はたちまち萎縮する。

「すみません」

「モノを探すというのはムダな動作だ。ムダをなくすためには、探すのではなく『**モノを取る**』というレベルの動きにまで落とし込まなければいけない。そうしなければ仕事をするための時間は創出されないんだ」

時間、か。確かに仕事中にムダな時間は多そうだけれど、どのくらいムダなのかなんて自覚したこともないし、自覚するのが怖い気もする。

取締役が立ち上がり、足元を指さしながら口を開いた。

「**時間は動作の影**なんだよ、翔太くん」

「時間は、……動作の影？」

「そう、ムダな動作をすればするほど、ムダな時間が生まれることになる。その分、改善活動や価値提供の活動である『仕事』の時間は減ってしまうんだ。だから、**いかに仕事中にムダな動作をしないか**、ということを徹底的に考えなければいけない」

仕事は改善や価値提供をするための活動で、ムダな動作を減らさなきゃいけない、か。

何だかわかっているようでわかっていない話だ。

「理解しま……いえ、さっそく実践させていただきます」。僕は慌てて言い直した。

「よし、それでいい。この考え方はしっかりと覚えておきなさい」

取締役は自分の椅子に向かって歩き出したと思ったら、突然振り返った。

「ところで、キミはなんでここに来たんだっけか」

「はい、謝りにです。今朝、失礼な対応をしてしまいましたので」。僕は思わず立ち上がって言った。

「ああ、それなんだけど」

金城取締役は僕の目を凝視したまま動きが止まり、ゆっくりと口を開いた。

「キミはクビにさせてもらうよ」

僕は全身が硬直してしまった。

② 頑張ることは汗を多くかくことではない

「ク、クビですか⁉」

少し間をおいてから、僕はようやく声を出すことができた。

「ああ。私が取締役に就任するということはイントラネットで告知してもらっていたはずだ。翔太くんはそれを知らなかったうえに、何とも失礼な対応をしてきた。さらにはモノを探すことがムダであることも理解できていない。新入社員ならいざ知らず、もう八年目だと言うじゃないか。キミのような考え方の社員は、キングコンピュータには必要ない。早速で悪いが、社長に頼んで翔太くんをクビにしてもらうことにする」

「そ、そんな」

僕の頭の中はパニックになった。クビってことは来月から給料が入らなくなってしまうじゃないか。いや、会社都合で解雇になった場合は失業保険はすぐに出るはずだ。いや、会社都合だろうが自己都合だろうが関係ない。クビだけは免れなければ。

「本当に申し訳ありませんでした。何とかならないでしょうか」。僕は両手を組み合わせ、神様に祈りを捧げるように顔の前に差し出した。神様、仏様、金城様だ。

金城取締役はしばらく押し黙った後、ゆっくりと口を開いた。

「わかった。条件がある。クビが嫌だったら、私の言う通りに仕事を進めていくこと」

「も、もちろんです。何でも聞きます」。僕が首をブンブンと縦に動かしながら答えると、取締役は顎髭を撫でながらこくりとうなずいた。

「お呼び出しいただければ、すぐにこちらの部屋に参りますので」。僕がそう付け足すと、取締役は「いや、この部屋はもう使わないからいいんだ」と言い切った。

「は？」

「まあ、これから少しずつ声をかけさせてもらうよ」。何か含みを持たせた言い方で、僕は「わかりました」と答えるだけだった。

部屋を出るときに一礼をすると、金城取締役が不敵な笑みを浮かべていた。僕はあの笑みが何を意味するものなのか、このときは知るよしもなかった。

＊

それから一週間、慌ただしい日々が続いていた。営業は期末にかけて受注獲得に奔走する。すると期初から納入が増えていくので、今の時期はその事務手続きに追われてしまう。

金城取締役に言われた通りムダな動きをしないよう意識して身の回りの環境も改善していたけれど、そもそもの作業が多すぎるので忙しさはあまり変わっていないように思った。終電の時間を意識しなければいけない日も増えてきている。

あれから金城取締役とは特に話をしていなかった。ただ、顔はよく見かけることになった。金城取締役の席が同じフロアに移ってきていたせいだ。せっかく立派な取締役室を社長が用意したというのに、本人たっての希望で営業本部と同じフロアに移り、取締役室は倉庫にしてしまったらしい。「この部屋はもう使わない」と言っていたのはそういうことだったのか。

この日も事務手続きをしながら机に向かっていた。日は延びてきたものの外はもう暗くなり、オフィスでは帰り始める人も増えてきた。ふと、背後から聞き覚えのある声がする。

「翔太くん、どうだ最近は？」。この低い声は金城取締役だ。振り返ると、相変わらずのジャンパー姿でニコリとしていた。

「あ、金城取締役。おかげさまで、頑張っております」

「頑張っている？ どんな風に？」。顎髭を撫でながら眉間に皺を寄せた。

「ええ、あの、業務量がとても多いんです。やることがたくさんあって、今週はずっと作業に追われているんです。おかげでもう腰も痛くなってきまして」。僕は腰をさすりながら、現状を伝えようとした。

「翔太くん、生産性を高めようとは思わないのか」。取締役は顎髭を撫でながら淡々と聞いてくる。

「ですから、頑張って生産性を高めようとしてい……」。ため息が交じった僕の声をかき消すように、取締役のはっきりした言葉が覆い被さってくる。

「違う違う。『生産性が高い』というのは、『頑張っている』ということではないよ。**『頑張ってないのに、成果物の価値が高い』**ってことだ」

「でも取締役、成果物の価値を高めるためには汗をかく必要もあるのでは」。僕が聞き返すと、取締役は人差し指を立てた。

「頑張ることは汗をかくことではない。**いかに頑張らずに成果物の価値を高めることができるか**。そこが重要なんだ。日本の高度成長期には、朝早くから夜遅くまで会社にいるのは『頑張っている人』などと呼ばれていたこともある。だから、仕事はなくとも、みんなが残っていれば残業に付き合っていた人も多いだろう。ただ、よく考えてみなさい。そんな頑張りが本当に頑張りと呼べると思うか？」

僕は何も言えなくなった。容赦なく取締役は続けてくる。

気が付くと、金城取締役が僕の腕をつかんで引っ張ってきた。

「ちょっとついて来なさい」

僕はペンを握ったままの状態でエレベーターに乗せられ、１Ｆまで降りる。誰もいない受付の前を通り、ビルの外に出てきた。僕はどこに連れて行かれるのかわからず、ただ怯えながら後ろをついていくだけだった。すると、少し歩いたところで取締役が振り返った。

「見てごらん」。指を差した先には、キングコンピュータが入居するビルがそびえ立っている。よく見ると、ほとんどの窓に電気が点いていた。時計はもう二一時をまわっているというのに。

「これは本来、翔太くんだけに言うことじゃない。キングコンピュータ全体にも、日本企業全体にも言わなければいけないことだ。ただ、一人ひとりの意識が変わらなければ会社も変わらない。だから、まず翔太くんに伝えさせてもらうよ」

金城取締役が僕の目をしっかり見ながら伝えてくる言葉の数々に、僕は少なからず衝撃を受けていた。そして、何だか不思議な気持ちになった。入社してからずっと「常識」だと思っていた考え方が、ことごとくこの取締役によって否定されているのだ。

「本人にそのつもりがなくても、ムダな時間というのは多いものなんだよ。私がいたトヨタではそういった付加価値を生まない動きはすべてムダと考えていた。その上で、ムダを省いて**付加価値を生む仕事の比率を高め、人間にしかできない仕事ができるように**と改善を重ねてきたんだ」

「人間にしかできない仕事……」。僕の言葉は宙を漂った。

取締役は「じゃあこれで」と言って手を上げると、暗い並木道へと消えていった。僕はビルに点いた窓の明かりを眺めながら考えた。

うちの会社は残業をすれば残業代も出ている。だから、それを目当てにしている人も少なからずいるはずだ。何人かの先輩は残業代がないとローンが返せない、なんてボヤいていた。

ただ、本来は長時間働いているのは高い給与をもらう理由にはならないはずだ。長時間働いても成果があがらないと、「もっと働かなきゃ」などと考えてしまう。でも、取締役の話でいくと実際には「働いている」と思っているものの中にはたくさんのムダが含まれているということだろう。

じゃあ、そのムダを一つずつ排除していけば、もっと短い時間でより大きな成果があげられるんじゃないだろうか。

ふと僕は、手に握ったままのペンに気がついた。

そうか、一度、自分のやっていることをすべて書き出してみたらどうだろう？　そして、自分の仕事の中におけるムダの比率を確認してみるべきかもしれない。それから、どうやってそのムダを排除すべきかを考えてみよう。

何だか僕は、一歩前に進んだような気がしていた。ただ、せっかく一歩を踏み出したその足元を、すくわれることになるとは思ってもいなかった。

③ 人間の脳は困らない限り知恵というのは出てこない

その日は朝から雨だった。冴えない天気のせいなのか、朝から僕の頭も冴えていない。ただ、朝一番に入ったお客様からの電話で、たちどころに目が覚めてしまった。

「会社のサーバーが動いてないいんだけど！」

そのお客様は、僕が担当している家具のネット通販会社「カグコム」だった。夜中にサーバーが落ちてしまい、朝からユーザーの問い合わせが殺到しているらしい。

「すぐに復旧の対応をしてもらえませんか！」。割れんばかりの声が耳に突き刺さってくる。僕は、すぐに対応する旨を伝えて電話を切った。

キングコンピュータでは、サーバーを売るだけでなく、アフターフォローという形で運用監視もオプションサービスとして付けている。何か障害が見つかればすぐにうちの運用チームが発見し、お客様にご連絡を差し上げる。そして同時に、障害復旧対応も行う。

しかし、先ほどのお客様の電話によると今回は何も連絡がなかったというのだ。それが本当だとしたら、監視サービスが機能していないことになる。僕はすぐに運用チームへ足を向けた。

一つ下のフロアにある運用チームに着くと、営業本部と違って妙に静まりかえっている。いたるところに資料がうずたかく積まれている光景は、まるで新聞社か出版社のようにも見えた。フロアの隅で、パソコンの画面をぼんやりと眺めている長髪でボサボサ頭の男性がいる。リーダーの座間さんだ。僕は駆け寄りながら声をかけた。

「座間さん。カグコムさんのサーバーが落ちてるんですが」

座間さんは首だけをこちらに向け、長い前髪の隙間からのぞいた目を剥き出して言った。

「マジか」。そして小さな声で「よりによってこんなときに」と漏らしてくる。

僕は座間さんの小さな声は聞かなかったことにして「すみません、すぐに復旧作業をお願いできますか」と矢継ぎ早に伝えた。

「ちっ」と明らかに聞こえるような舌打ちをした座間さんは「わかってるよ」と続けた。のそりと席を立ち、少し離れた場所のモニターの前に座り、キーボードにカタカタと入力を始める。何となくでしかわからないけど、リモートでカグコムのサーバーにつないでいるのだろう。次々とコマンドを叩く音がフロアに響いた。

一〇分ほどすると、座間さんは手を止めて「とりあえず直ったわ。お待たせ」と言ってきた。僕はすぐに近くの電話機を手に取り、カグコムへの連絡を試みる。

「お待たせいたしました。今、復旧しましたのでご確認ください」

少し間をおいてから、担当者の男性が「ああ、直ったね」と口にしてきた。

僕は「申し訳ありませんでした」と改めて謝ったものの、すぐにカグコムの担当者はまくし立ててくる。

「いやぁ、もう勘弁してよ。これ、すごい機会損失じゃない。何か障害があったらすぐ連絡してくれるんじゃなかったっけ。まったく、何度も何度もさ」

何度もという言葉に少し引っかかりながらも、僕にはただ謝ることしかできなかった。

「本当に申し訳ありません。以後このようなことがないように気を付けますので」

「気を付けるって、当たり前だよ！　次がもしあったらすぐにでも別の会社に切り替えさせてもらうからね」。そう言い切らないうちに、ガチャリと電話は切られてしまった。

僕はさっきより重みを感じるようになった受話器を、ゆっくりと元に戻した。少しだけ安堵しながらも、座間さんに詰め寄る。

「なんで気が付かなかったんですか?」

「いや、人がいなくてさぁ。昨日はちょうどシフトに穴が開いちゃったんだよ」

座間さんは僕と目線を合わせようとせず、モニターを見つめながら淡々と答える。

「人がいないときに限って障害が起きるなんてまったくツイてないよな」

「増員とかは予定されてないんですか?」

僕は自分の口調が自然と強くなっているのを感じた。

「いや、人事部にも言ってんだけどさ、ほらウチ夜勤対応があるだろ。若い奴はそういうの嫌がっちゃってなかなか採用が進まないんだよ。そうだ、大野がなんとかしてくれよ。元気な後輩とかいないの? 誰か紹介しろよ」

「いや、そんなのいませんよ」。僕は口を尖らせた。

座間さんがギロリとにらんできたのは、前髪の隙間から確認できた。

ちっと舌打ちを鳴らしてから「おい大野よぉ。売ったのはお前なんだから、お前が何とかしろよ」。座間さんのすごみに圧倒されてしまった。僕は反論することができない。

仕方なく「失礼します」と頭を下げながら、その場を後にした。

僕がまっすぐ向かっていったのは、トイレだ。すぐさま個室へ閉じこもった。

「……なんなんだ、まったく。僕のせいじゃないのにお客さんには怒られるし、なぜか座間さんには責められるし。大体、人がいないのなんて僕が考えることじゃないだろ。なんだよ、若いの紹介しろって」

ひとしきりグチをこぼしてから、水を流す。トイレのドアを開けたところで、洗面所で手を洗っている男性がいた。見覚えのあるジャンパー姿だと思ったら、金城取締役だ。

「おお、翔太くん。お疲れさん。ずいぶんとやつれた顔をしているな」

ハンカチで手を拭きながら、鏡越しに話しかけてくる。

「お疲れさまです」。ため息交じりにそう言ってから僕は、障害が起きたことと、連絡が飛ばなかったことを話した。この人なら何とかしてくれるかもしれないという期待も込めながら話している自分に気がついた。

話し終えると、金城取締役はハンカチをジャンパーのポケットにしまいながら低い声を出してくる。

「なるほど、それで、どうしようと思ってるんだ？」

僕は咄嗟に聞いた。「どうすればいいでしょうか」

「おいおい、いきなり答えを求めるんじゃないよ」

金城取締役は手を広げながら苦笑いを浮かべた。

「でも、この状況は何とかしなければいけないと思うんです」

「じゃあ、困ることだな」

「困る？」。予想もしないアドバイスに、僕の声は裏返った。

「ああ、どんどん困れ」

「どういうことですか？」。金城取締役がただ意地悪を言っているだけのような気がしてくる。

「知恵を出すためだ。**人間の脳は困らない限り知恵というのは出てこないんだ**。キミが困れば困るほど知恵は出やすくなっていく。だから、大いに困りなさい」

そう言いながら、金城取締役はトイレを出て行ってしまった。

「困れって、そんな無責任な……」

*

帰りがけ、オフィスの廊下を歩きながら僕は考えた。座間さんに言われたように、誰か人材を紹介すればいいのだろうか？　でも、その人が同じようにシフトに穴をあけてしまったら意味がない。じゃあ、運用チームがシフトに穴をあけないための方法を考えるべきなのだろうか？　でも、それは果たして僕が考えることなのか？　もっと他にやるべきことがあるようにも思うけど。

思考をめぐらせながら歩いていると、ドシン！　という音と同時に目の前に星が散りばめられた。開くと思っていた自動ドアが開かずに、そのまま顔から激突してしまったようだ。

「いたたたた……」。こめかみの辺りに痛みを感じながら、目を開けて前を見ると、自動ドアの左側に張り紙がしてあり「強風のためこちら側は閉鎖しております」と書かれていた。自動ドアなのに自動で開かないとは、どういうことだ。

「自動で開くから自動ドアって言うんじゃないのか、まったく」。思わずグチがこぼれる。今日の僕はグチばかりだ。

「自動？」。ふと思った。「そうか、サーバーの運用監視も自動でやればいいんじゃないか。何も人を採用することはないはずだ」

僕は小走りで席に戻り、すぐにネットで検索してみると、サーバーの監視ツールはたくさん出ている。機能こそ少ないけど無料のものもあるし、有料だとしても大したコストではない。これならいけるんじゃないだろうか。

数日後、僕は運用チームに足を運んだ。また座間さんににらまれやしないかと恐縮しながら「提案があるんですが」と座間さんに声をかける。

僕は、ネットからピックアップした監視ツールのことを切り出した。

「ツールで自動化？　ああ、前も外部業者から提案されたことあるけどさ、予算もないし新しいものを設定するのが面倒だし、断ってたんだよ」。そう言って眉間に皺を寄せる座間さんに、僕は説明を続けた。コストが低く済むこと、導入作業も大した負荷ではないこと、ツールによって前回のようなミスも防げること、などを伝えていった。

「面倒なのは最初だけです。後はずっとラクになるはずですから、設定しましょうよ」。そう言って締めくくると、僕の勢いに圧倒されたのか、座間さんは両手を上げながら言った。「ま、まあ、それで俺がラクになるっていうなら、わかったよ」

4 自働化

金城取締役には僕から報告することにした。取締役席の前に立ち、話しかける。

「金城取締役、カグコムの件なんですが」

「解決策が見つかったのか？」

取締役はキーボードに乗せていた手を止め、こちらを向いてきた。

「はい、監視を自動でやることにしたんです」

続けて、と視線で促す取締役に、僕は口を開いた。低コストで監視を自動化できるツールがあることを運用チームにも説明し、すでに納得してもらっていることを伝えた。そして最後に、「知恵が絞れたので、困って良かったです」とも付け加えた。

取締役は腕を組んでうなずいていたけれど、「悪くない。ただ」と口にする。

「ただ、何ですか？」

「ただ単にツールを導入して終わりではなく、自らの知恵を足す必要があるな」

「知恵……ですか」。僕は動きが止まった。金城取締役は畳みかけてくる。

「ああ、自らの知恵を足さなければ、キミはいつまでたっても進歩しない。**知恵を足して初めて仕事は完成するんだ**。だから、ツールの導入で満足して終わらせてはいけない」

「はい」。僕は弱々しく返事をした。

「これはトヨタで言う『**自働化**』だ。自働化の『働』には『にんべん』が付いているんだよ」

取締役は手元のメモ帳に「自働化」と書いて見せてきた。にんべん、か。

昼休みになり、僕はビルの向かいにある公園でおにぎりをかじりながら一人で考え込んでいた。

知恵を足す、かぁ。そうはいっても、具体的にどうすればいいんだろう。ツールを導入すれば一件落着だと思っていたのに、再び困ってしまった。

公園に備え付けられた時計に目をやると、もう昼休みも終わりそうだ。考えごとをしていると、まったくもって時間がたつのが早い。

「時間……そうか」。僕はあることを閃いた。

公園を出てから、オフィスに入り、運用チームのフロアに向かった。座間さん以外に三人の社員が机に向かって作業している。僕の姿に気づいた座間さんが声をかけてきた。

「おい大野、ツールのオーダーは進んでるのか？」

「はい、問題ありません」。僕は答えながら、歩みを進める。

「で、お前何しにきたの」

「いえ、ちょっとお仕事の様子を拝見させてもらいたくて……」。そのまま座間さんに背を向けた。

「へんなヤツだな。邪魔すんなよ」。背中で座間さんの声を聞きながら、他の社員の様子が見える場所に立った。そしてしばらくの間、じっと様子を見ていた。

チームのみんなは何かの報告書を書いているように見えた。画面にいろいろなグラフが表示され、それに色を付けたり資料に張り付けたりしている。

三〇分ほど過ぎてから、僕は一人のメガネを掛けている大人しそうな男性社員に話しかけた。

「あの、これは何を作ってるの?」

「週次レポートですけど」。そのメガネくんは抑揚のない話し方でこちらを一瞥し、答えてくる。

「えっと、週次ってことは、毎週作っている?」

当たり前じゃないか、とでも言いたそうな顔をしながらメガネくんが淡々と口を開く。

「ええ、他にも日次も月次もありますけど」

「そんなに⁉」。僕は思わず大きめの声が出てしまい、背中に視線を感じた。振り返ると、やはり座間さんがこちらをにらみつけている。慌てて会釈をしてから元の体勢に戻った。

「これ、一つもらえないかな?」

「実際のクライアントのはダメですよ。まあ、サンプル用のデータならお渡しできますけど」

聞くところによれば、新規クライアントからの依頼でよく「報告書を見せてくれ」と言われるらしく、サンプル用の報告書が存在するという。

僕はその場でメールアドレスを伝え、サンプル用の報告書を送ってもらうことになった。

その後、ツール会社に連絡して、導入するツールのカスタマイズをお願いすることにした。お願いしたカスタマイズというのはレポート機能だ。もともとレポート機能はあったけれど、キングコンピュータのレポート様式に合うようにしてもらった。カスタマイズ費用も思いのほか低く抑えることができて安堵した。

これで運用チームの日々のレポート作成は、ほぼ自動化できる。もともとは自動ではなかったし、うちに合うようにカスタマイズしたのだから、まさに「**自働化**」じゃないだろうか。

カスタマイズしてもらったツールのデモを見ることができたのは、それから三日後だった。すぐにカグコムでも設定することになった。出力されるレポートを見ながらメガネくんは「これはラクになりますね」とメガネの奥で目を細めていた。

僕は、意気揚々と金城取締役に経緯を報告した。

「どうしてそのレポート機能を拡充させようと思った？」。取締役が顎髭を撫でながら聞いてくる。

「運用チームでどこに時間がかかっているかを調べようと思いました。調べてみたところ、日次や週次、月次のレポート作成に時間を取られていたようでした」

「それで？」

「その時間がかかっている部分を何とか減らせないだろうかと考えたんです」。僕は、息継ぎをせず一気に言い切った。

「悪くない視点だ。よくそこに気づいたな」。金城取締役が、再び顎髭をそっと撫でた。

「以前に仰っていた『時間は動作の影』という言葉を思い出しました。だから、運用チームの動作を見てみようと思ったんです」

金城取締役は「まあ、いいんじゃないか」と言ってからうなずいた。

＊

その日の夜、帰りの電車の中で「**にんべん**」について思いを巡らせてみた。ツールを導入することで時間を減らすことはできるけど、そもそもどの部分で時間を減らすべきかを考えるという行為は人間にしかできない。「**今が何の時間なのか**」を意識することは仕事をするうえで非常に重要な考え方なんじゃないだろうか。

ふと僕は、やっと「仕事をした」ような気分が芽生えてきた。今までに感じたことのない充実感だ。すると同時に、疑問もこみ上げてきた。じゃあ今まで一〇年近く僕がやってきたことは何だったんだ？　仕事じゃなかったのか？

そのとき、金城取締役の言葉が脳裏をよぎった。

「価値を生み出すことが仕事、……か」

5 同じ石で二度転ぶな

ある日の午後、座間さんから誘われて運用チームの定例会議に参加することになった。誘われたときにちょうど居合わせた取締役も、「私も出席していいかな？」と参加を希望してきたけれど、取締役の会議参加を断れるはずもなかった。

夕方近くに開催された運用チームの会議は、こぢんまりしたものだった。

ツール導入後の業務効率について報告があり、一定の成果があったことが伝えられた。

座間さんは「ああ、大野に新しいツールを紹介してもらって助かったわ。サンキューな」と言いながら、長くたれた前髪をかきあげた。

金城取締役の前で褒められて上機嫌になった僕は、「いえいえ、人が少ないうえに障害が重なって大変でしたね」と運用チームに歩み寄るような言い方をした。我ながら何というか、サラリーマンである。

「まあ、俺らは慣れっこだよ。そういう部署なんだし。前にもこんなことあったしな」

座間さんがそういうと、社員の何人かが「確かに。あったあった」と言いながら笑い声を漏らす。思わず場が和んだ、かのように思えた。

すると、すぐに低い声が割り込んでくる。「ちょっと待ちなさい」。金城取締役だ。

「前にもこんなことあった、と言ったのか」

会議室が静まりかえった。

「前にもこんなことがあったのかと聞いてるんだ」

静かな会議室で、取締役の低い声だけが響いている。

しばらく静寂が続いた。僕には、とても長い時間のように感じた。金城取締役が「誰か答えなさい」と抑揚なく言っている。全員の視線が座間さんに集まり始め、当の座間さんがゆっくりと口を開いた。

「じ、実は、前にもカグコムさんで障害があったのに気づかず、指摘されたことがありました……。ですが、その一回だけです」

「なぜ障害に気づかなかったんだ？」

「担当のメンバーが居眠りをしてしまいまして、早朝にカグコムさんから電話があって気づいた次第でして」。座間さんの口調が弱々しくなってきた。

「それで？」。金城取締役の低い声が腹に響いてくる。

「で、でも、謝って許してもらいました」

取締役が顎髭を撫でてから、「ふん」と鼻を鳴らした。息を吸い込む音が聞こえてきたかと思ったら、ゆっくりと話し始めた。

「謝って許してもらったからいいという話じゃないだろう。なぜ同じ過ちを繰り返すんだ」

座間さんに目をやると、下を向いたまま固まっている。

金城取締役がすくっと立ち上がると、会議室はさらに緊張の度合いを増した。取締役は僕らの背後を歩きながらしゃべり始めた。

「いいか、君たち。**同じ石で二度転ぶようなことがあってはならない**。仕事をしていれば問題は起きる。ただ、何か問題が出現したときには、**そこで立ち止まって必ず対策を練る**

んだ。同じ問題に何度も直面しているなんて成長していない証拠だ。それでは時間のムダだし、仕事をしているとは言えない。もっと頭を使って改善をするんだ」

言い切ってから、取締役はそのまま会議室を出ていってしまった。

僕たちは、しばらくしてから顔を見合わせ、会議は何となく終わりを迎えた。会議室を出るときに、座間さんが僕の顔を見ながらポツリと漏らした。

「あの人、ただモノじゃないな」

ツールを導入し、レポート作成機能もカスタマイズしたことで、同じような事件は起きないと思う。しかし、何も対策をしなかったら金城取締役の言うように、同じ石で何度も転んでいただろう。

「同じ石で二度転ぶな、か」。僕はこれまで何度転んできたのだろうか。座間さんたちのように、転んだのをなかったことにしたり、転んでいないフリをしてきた。あの言葉は僕にも向けられていたものだった。

思えば、今までに教わったこともそうだ。転んだときにアドバイスをもらっている。ということは、そのときと同じ石では転んではいけないはずだ。

考えていたら、何だかぐったりと疲れてきた。僕は、休憩室に行って缶のお茶を買った。プルタブを引っ張って、一口飲んでから静かにため息をつく。

窓の外には向かいのビルの様子が映っているけれど、電気が点いている部屋も多い。みんな忙しく頑張っているのだろうか。

以前に取締役に連れ出されてこのビルを見上げたことを思い出した。あのとき、こう言っていたはずだ。

「頑張ることは汗をかくことではない。いかに頑張らずに成果物の価値を高めることができるか。そこが重要なんだ」

頑張るっていう概念がここ数日で変わってきたのは確かだ。汗を流すのではなく、時間をかけるのでもない。「必死になって頭を使う」ということなのかもしれない。

そんなことを思いながら、オフィスに戻ろうとしたときだった。

ドシン！　という音とともに星が散った。自動ドアにまた激突してしまったようだ。持っていたお茶がズボンにかかり、裾のほうまで滴り落ちている。

「ああ、やってしまった……」

額を押さえながら、自分のことが情けなくなってくる。同じ石で二度転んでいるじゃないか。僕は、自動ドアというテクノロジーを過信しないほうがいいのかもしれない。

6 代案もないのに反対するな

「本当？　なによそれ」。美香さんの甲高い声がフロアに響いた。

朝礼が終わってから先日の座間さんとの一件を報告した途端に、美香さんが目を丸くした。

「別に同じ失敗を繰り返すことなんて誰だってありそうだけどね。私も毎朝目覚まし止めてから寝ちゃうし」。そう言いながら、目覚まし時計を叩く仕草をした。だからいつも出社がギリギリなのかこの人は。

「初日から思ってたんだけどさ、あの取締役って何か不気味よね。顎髭がやたらと威圧感あるし、いつも同じジャンパーだし」

「まあ、そうですね」。僕は苦笑いを返す。

美香さんの視線が僕の苦笑いから机のほうに移った。

「そういえば、なんだか翔太の机回り、ちょっとキレイになってない？」

「ええ、ムダな動作を減らすためにも環境をしっかり整えようと思いまして」

言い切ると、美香さんが眉間に皺を寄せた。

「ちょっと、雨とか降っちゃうから変なことするのやめてよね。ただでさえこれから梅雨に入るってのに」

僕は落胆混じりに反論する。「改善ですよ。改善。仕事も少し早くなった気がします」

すると美香さんは、右側の眉を上げながら返してきた。「別にちょっとキレイにしたからって仕事が早くなるとも思えないけどな。気のせいなんじゃないの？　まあ自分がどんくさいのを自覚してるってのは悪くないと思うけど」

結局またチクリとやられてしまった。美香さんと一緒にいると僕は穴だらけになってしまいそうだ。


この日は午後から会議だった。サーバーコンピュータの販促について話し合う会議だ。会議室に入ると、コの字を描いた机と椅子がいくつか置かれているが、部屋の隅に金城取締役がポツンと腰掛けていた。運用チームとの一件から、金城取締役はいろいろな会議に顔を出すようになっているらしい。腕を組んでじっと会議の様子を見守る構えを見せている。

全員がそろうころを見計らって、町田部長が話し始めた。

「今期の目標を達成させるには、利益率の高いキングサーバーシリーズの売り上げを増加させなければいけない。今日はサーバーの販促についてアイデアを出し合ってもらいたい」。この販促会議は、割と高い頻度で行われている。大企業になると販促は別の部署でやるというケースもあるらしいけれど、実際にお客様と顔を合わせる営業部だからこそ、販促のアイデアもよく出るというものだろう。

「早速だが、何かアイデアがある人はいるか」

町田部長が会議室全体に促すと、一人の社員がゆっくりと手をあげて声を発した。

「キャンペーンはどうでしょうか。サーバーを買ってくれた企業に今話題のモバイル端末をプレゼントするとか」

すると美香さんが声をあげる。「ちょっと発想が安易じゃないかしら。今どき大体の会社はモバイル端末を社員に支給しているはずよ。私自身も別にほしいとも思わないしね」。淡々とした口調で言いきった。

少しの間沈黙が続くと、また別の社員が手をあげた。「じゃあ、監視サービスが無料で付くっていうのはどうでしょうか」

間髪を入れずに美香さんが口を挟んでくる。「有料で買っている人の立場がなくなってしまうから良くないわ。それに運用チームの負担が増えてしまうから、座間くんが黙ってないんじゃないかしら」

そしてまた、沈黙が続いた。

誰かが発言すると必ず美香さんのツッコミが入るという、この販促会議ではよく見かけるいつもの光景が、今日もまた繰り広げられていた。しかし、ここから先はいつものそれとは違った。

腕組みをしていた金城取締役が立ち上がり、美香さんをにらみつけながら口を開いた。

「キミ、第一チームの海老名くんだったか」

「は、はい、海老名です。海老名美香といいます」。美香さんは返事をしながら立ち上がる。部屋の隅から鋭く低い声をぶつけられ、さすがの美香さんも少したじろいだ様子だった。

「海老名くんね、**代案もないのに反対するんじゃないよ**」

「はい？」。美香さんは聞き取れなかったのか、意味がわからなかったのか、咄嗟に町田部長に視線をやったものの、部長も固まったまま動かない。金城取締役は低い声を維持したまま続けた。

「ただ反対するだけなら誰だってできる。反対するなら『**代わりにこういうのはどうか**』という代案をしっかり提示しなさい。それがビジネスパーソンのしかるべき態度というものだ」

一瞬、美香さんの眉間に皺が寄った。チームメンバーの前で「しかるべき態度」などと言われてしまったせいか、美香さんは明らかに機嫌を損ねた様子だった。何も言い返せずにその場で静かに腰をおろす。

確かに取締役の言う通り、反対意見だけを言われても議論は前に進まない。反対意見と代替案をセットで言わなければいけないというのは納得だ。美香さんのツッコミはある意味で風物詩のような光景になっていたけれど、間違っていたのかもしれない。

少し気まずい空気になりながらも何とか会議は立て直され、その後もさまざまなアイデアが出されたが、美香さんは終始黙り込んだままだった。そのせいか会議はスムーズに進んだのだけれど、結末としては僕にとってあまり望んでいない形で迎えることになってしまった。

「よし、じゃあ生田の案で行こう」。町田部長が立ち上がりながら言う。

「まただ」。僕の口から思わず、ため息交じりの言葉が漏れた。

7 課題のない報告はいっさい受け付けない

生田博之。アイツはいつだって僕よりも前を進んでいた。

大学も僕よりランクが上。入社試験の成績が良かったせいか、入社式のときには、新入社員代表として前に立ってスピーチをしていた。新入社員研修が終わってからも、次から次へと仕事を任されていた。それでもアイツは飄々と仕事をこなしていた。

八年もの歳月が流れて気が付くと、数年前に営業部第二チームのチームリーダーに抜擢されている。そして、販促会議でも生田が考えた案が採用されることが増えていた。僕はまだ一度も名前を呼ばれたことがない。そして今回もまた採用されていたために、僕の口からため息交じりの言葉が漏れてしまったというわけだ。

会議が終わって自席に戻ると、僕はしばらく考えた。なんで生田と僕にこれほどまで差がついてしまったのだろうか。同じ会社に入って同じ仕事をしながら同じくらいの時間を過ごしてきたはずなのに、なぜ、差が生まれてしまうのか。何が違うというのか。学生時代からついていた差は埋めることができないのだろうか。いくら考えても霧が晴れることはなかった。

一週間がたち、販促会議の場で生田が販促結果の中間報告を発表した。

生田の考えた販促案は「増設割」というもので、サーバーを追加購入する顧客が増加しているところに目を付けたアイデアだった。サーバーの増設をしてくださったお客様には、その容量や台数に応じて割り引きが適用されるというもので、悔しいことに「よく考えたよな」と賞賛する声も多かった。

その「増設割」キャンペーンの結果として、売り上げ数字が次々に生田の口から述べられていた。

悪くない数字だ。僕はまた胃の辺りが熱くなってくるのを感じた。

「以上になります」。生田はさらりと報告してから、席についた。

すると、金城取締役が立ち上がって声を出す。

「生田くん、悪いけどキミの報告は受け付けられないな」

思いがけない発言に、会議室の時間が一瞬止まったように感じた。

「え？　ど、どういうことでしょうか」。咄嗟に立ち上がった生田の声は、珍しく大きくなっていた。金城取締役は続ける。

「課題のない報告はいっさい受け付けない」

「課題……、ですか」。生田は言いながら鼻の頭を人差し指で掻いた。

「そうだ。キミの報告はただの数字の羅列だ。**そこにどんな課題があるのか、次にもっと上手くやるとしたらどうすればいいのか**。そういった課題を併せて伝えない限り、それは報告とは言わない。だから受け付けられない」

しばらく動かなかった生田が、再び鼻の頭を掻きながら口を開いた。

「はい。では、また改めてご報告します」。生田の声が小さくなったかと思ったら、その場でゆっくりと座り込んだ。

僕は気が付くと笑みをこぼしていた。こんなに落胆した生田を見るのは初めてだった。そして、何だかやたらとうれしい気持ちがこみ上げてくる。ただ、金城取締役と目が合ったので慌てて普通の顔に戻した。取締役が何か言いたそうなのが、少しばかり気になった。

翌日、営業回りを終えてから席に着き、ひと休みがてら整理整頓をしていた。僕の机は相変わらず書類だらけだから、一度の片づけではとても終わらない。時間があるときに少しずつ片づけるようにしていた。すると、引き出しの奥から書類の束がごそっと出てきた。半年前の営業報告書だ。

「報告、か」。昨日、金城取締役が生田に向けて言っていたことを思い出した。確か「課題のない報告はいっさい受け付けない」だったはずだ。

パラパラとめくりながら読み返してみると、何のことはない、僕だって課題のない報告だらけだ。

いつだって僕は、生田を上回ることがなかったのだから、当然といえば当然のことかもしれない。でも、それを認めたくない自分がいた。僕は机に突っ伏して「ふう」と深いため息をついた。

突然、目の前の電話が鳴る。思わず首を仰け反らしながらも受話器を取ると、金城取締役の低い声が聞こえてきた。「今からB会議室に来なさい」という命令が耳を突き刺す。

僕は嫌な予感を抱きつつも、B会議室に向かった。

会議室の扉を開くと、腕を組んだ金城取締役が真正面に座っていた。僕は慌てて中に入り、はす向かいに着席した。座ってすぐ、取締役が口を開いてくる。

「翔太くん、少し気になったんだが、この間の生田くんの報告を聞いてどう思った？」

僕は背筋を伸ばしてからしゃべり出した。

「そうですね。取締役が仰っていた通り、課題のない報告ではダメだと思いました。彼の報告には以前から何かが足りないと思ってましたが」

少し間をおいてから、金城取締役は左眉を持ち上げて聞き返してくる。

「それで?」

僕は、この時間はきっと、チャンスなのではないかと感じた。生田よりも前に出るチャンス。神様がきっとこの機会を与えてくださったのかもしれない。そう確信して、続けた。

「販促のアイデアを出させるのであれば、生田より僕のほうが向いているのではないかと考えます。まだ発表したことはないのですが、アイデアをいくつも持っています。採用いただけましたら、しっかり課題も交えて報告させていただこうと思っています」

僕が言い切ると、取締役が「ううん」と小さな声を出しながら、立ち上がった。

「翔太くん、やっぱりキミはクビにすべきかもしれないな」

僕は、頭が真っ白になった。

POINT解説

改善思考

「改善」という言葉を聞いたことがない人はいないと思いますが、では「改善とは何か」をしっかりと説明できるでしょうか。

トヨタにおける「改善」というのは、実に多くの示唆を含んだキーワードとして捉えられています。今あるリソースをこれでもかと改善して生産性を高めていくことがトヨタ式と言えるかもしれません。

では、生産性を高めるとはどういうことかと言いますと、**「頑張らずに成果を出す」**ということです。日本の企業ではどうしても「頑張る」ということを美徳としがちですが、トヨタでは昔から**「自分がラクになることを考えろ」**と言われていました。今までと同じ成果を出すのであれば、自分がラクになるようにしていく。それこそが、生産性の向上だというわけです。

また、何でもかんでも手当たり次第に改善をしていくのではなく、順序も教えられました。順序としては次の通りです。

①**作業改善**……自分の身の回りの作業においてムダをなくし生産性を向上させる。
②**設備改善**……職場の環境や設備においてムダをなくし生産性を向上させる。
③**工程改善**……業務フローや作業工程においてムダをなくし生産性を向上させる。

つまり、身近なところから改善をし、環境やフローへと徐々に規模を大きくしていくべきだということです。これは、身近なほうがやりやすいからというだけでなく、身近な作業改善によって知恵を出すことを覚え、大きな改善へと進みやすくしているのではないかと思っていました。

人にはどうしても「変えてみて失敗したらどうしよう」という恐怖心があります。多くの企業が思い切れないのは、「変えて悪化してしまったら責任問題だ」とか「それなりにうまくいっているからいいじゃないか」という気持ちが働いて足がすくんでいるからではないでしょうか。そんな状態にならないためにも、まず身近な作業改善をすることで、「作業興奮」を誘発させていたのではないかと思います。

「作業興奮」は心理学的な用語ですが、まず動くことで頭が活発に動き、大きなことにも取り組めるようになるということです。

ではなぜ、そこまで「改善し続けること」を重視しているのでしょうか。現場で感じたのは、**「お客様の存在」**でした。

改善は、自己満足のために行うのではなく「すべてはお客様のため」と教えられていました。**どんなに改善しても、お客様のためにならないことをやっていては意味がない**ということです。

整備の現場であれば「お客様を待たせないために、歩く動線をどのように改善できるか」と考えますし、開発の現場であれば「お客様が喜ぶ車をどうやって作るか」と考えています。お客様は変化していくものですから、企業も変化をしていく。それが、改善という考え方の根元にあるものだと思っています。

自分の仕事が円滑に進まないのをお客様のせいにするような企業をたまに見かけますが、言語道断だと思います。すべてはお客様を起点に考え、そのために変化をしていく。それこそが「改善」だとトヨタでは言われています。

改善の3ステップ

1 **作業改善**（身の回りの作業）
2 **設備改善**（職場の環境・設備）
3 **工程改善**（業務フロー・作業工程）

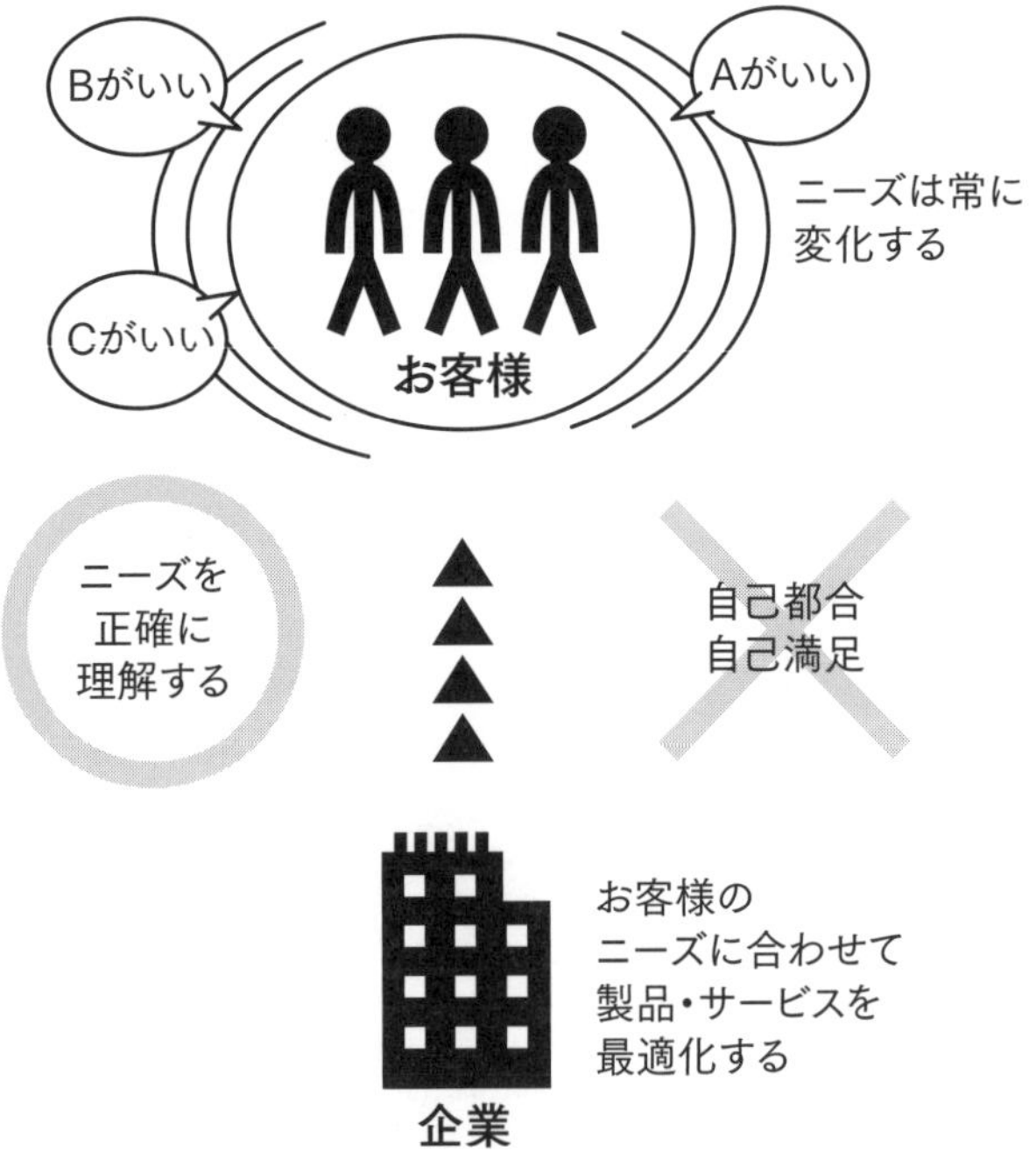
Bがいい
Aがいい
Cがいい
お客様
ニーズは常に
変化する
ニーズを
正確に
理解する
自己都合
自己満足
企業
お客様の
ニーズに合わせて
製品・サービスを
最適化する

第2章

視点をずらして1+1=3にする

横展思考

自分の計算式ではたどりつけない答えに、「忍術」のように一気に飛ぶには、視点をどう変えればいいのか？

POINT

他者の知恵を共有して、新たな発想・改善を生み出す

自分の頭で考えるヒント

1 ▶ 複数の役割を担うと視野が広がる

2 ▶ 改善はみんなで共有すると効率化する

3 ▶ 縦・横・斜めに人間関係をつくる

8 ベンチマークし続けろ

「ちょ、ちょっと待ってくださいよ。『やっぱりクビにすべき』だなんて、そんな……。ちゃんと金城取締役の言う通りに仕事を進めていますよ僕は」

何とか冷静さを取り戻した僕は、慌てて声を発した。金城取締役は腕を組んだままこちらを凝視して続けてくる。

「そうかもしれないが、ウソをつくような社員を雇っておくわけにはいかない」

「ウソ……ってなんですか？」。僕は声が震えそうになるのをかろうじて抑えた。

「課題のない報告はダメだ、と言っているが、キミのこれまでの報告書だって課題は何一つ書いていないじゃないか」

「よ……読んでいたんですか」。僕が小声で言うと、取締役はハッキリとした口調で言ってきた。

「当たり前だ。この会社のすべての報告書に目を通してある」

「すべて……」。僕の声はもう、おそらく取締役にも聞こえないであろうほどに弱くなっていた。

「自分ができてもいないのに『しっかり課題も交えて報告します』だなんて、なぜそんなことが平気で言えるんだ」

僕は無意識に拳を握り始めていた。体の中から何かが込み上げてくるような気分になってくる。そして、絞り出すように言葉を発していた。

「……不公平、だと思います」

「なんだ?」。金城取締役が低い声で返してくる。

「不公平ですよ。同期で入社したはずなのにアイツのほうが先にリーダーになるし、仕事はたくさん任されるし、いつもアイツばかりが前を進んでいて。……生田が、生田が憎いんですよ」

自分の中の黒ずんだものを出し切った僕は、そのまま黙り込んだ。もうどうにでもなれ。そんな思いだった。

金城取締役は静かに目をつぶってから、椅子に腰掛ける。

「翔太くん、キミの考えは間違っているよ」

僕は黙ったまま取締役のほうを見た。顎髭を撫でながら口角を上げると、また口を開いた。

「身近に優れた人がいるのなら、それが敵であろうが味方であろうが、キミがやるべきことは一つだ。そうやって妬んだり嘆いたりすることではない。**ベンチマーク**をするべきなんだ」

「……ベンチマーク、ですか？」。少し高くて弱い声が、僕の口からこぼれ出た。

「ああ、彼が普段どんなことをしているのか聞いてみればいいじゃないか。きっとキミとの違いが見つかるはずだ。まあ、プライドが邪魔をして聞くのが嫌だというのなら、よく**観察**すればいい」

「観察……。それで、真似をしろってことですか？」

「そうだ。トヨタだって小さな工場から始まって売り上げ二七兆円規模の会社にまで成長したが、その基本には『絶えざるベンチマーキング』があったんだ」

「トヨタが真似を？　誰を真似したっていうんですか」

「企業の場合のベンチマーキングは、業界を問わず優良企業を基準としているんだ。トヨタがいる自動車業界においては、もともとアメリカが先行していたというのは何となくわかるだろう？」

「まあ」。僕はうなずいた。

「そこでトヨタはフォードやGMといった米国企業をベンチマークしながら自社の体制を

整えていったし、生産管理においてはスーパーマーケットなんかもベンチマークしていた。あらゆる角度で自社との差を測定して、その差を一つひとつ埋めていくことで成長を遂げていったんだ」

「そうなんですか」。僕は言ってから、唾を飲み込んだ。

「だからキミも、ベンチマークをするべきなんだよ」。そう言いながら金城取締役は、顎髭を撫でて立ち上がり、そのままB会議室を出て行ってしまった。

トヨタですら他社との差を測定して、その差を埋めていくことをしている。さまざまな角度で周囲を見渡すことが大事だということか。

「妬むのではなくベンチマークしろ、か」。僕はつぶやいた。

確かに、いつまでも羨んでいても状況は変わらないわけだし、ちょっとやってみようか。

それからというもの僕は、探偵のように生田の様子を観察していった。いちいち見つからないように後をつけなければいけないので煩わしさも感じたけれど、さすがに直接聞くわけにはいかないから、仕方がない。

ランチの時間に生田がフラッと外に出て行くので付いていくと、会社の近くにあるカフェに入った。サンドイッチをほお張りながら本を読んでいる。本のタイトルが知りたくて近づいてみるものの、あまり近づきすぎて気付かれるのも嫌なので難しい。

目を凝らすと「マッキンゼーのなんとか」って書いてあったから、おそらくビジネス書じゃないかと思った。この時間、僕はいつも何をしているか考えてみると、大体スマホのゲームだ。

仕事が終わって会社を出ていく生田の後もつけた。見つからないように付いていくと、三つ隣の駅で降りて少し歩き、大きなビルに入っていった。エレベーターに乗って上がって行くのを見送りながら周囲に目をやると、エレベーター脇に「営業力強化セミナー受付は5F」と書いてある。エレベーターの表示を見上げると、5Fで止まっていた。

このセミナーに参加するのか。この時間、僕はいつも何をしているか考えてみると、大体家で寝そべってテレビを観ている。

こんなことが毎日のように続いていて、僕はだんだんと自分が恥ずかしくなってきた。生田みたいな努力もせずに他人ばかりを羨んで、何をやっているんだろう。

数日後、僕の席に金城取締役がふらっと現れて聞いてきた。

「翔太くん、ちゃんとベンチマーキングしているようだけど、何かわかったかな？」

「……はい。不公平だとか言ってた自分の考えが、とても情けないものだということがよくわかりました。僕も最低限、生田と同じことはしようと思います。アイツに負け続ける人生はもう嫌なんで」

「そうか、何かを得ることができたみたいで良かった」

金城取締役は顎髭を撫でてから続けた。

「これだけは言っておこう。人生における幸せを感じようとするときは、他人と比較するのはナンセンスだ。ただ、仕事においては別だ。**上手くいっている人がいれば自分と何が違うのかを冷静に見比べて、良いものは積極的に取り入れる。**それが成長する考え方なんだ」

「はい」。僕は大きくうなずいた。

「ただ、初めは社内で比較して構わないが、その相手と同じことができたとしても満足してはいけない。他社にはもっとすごい奴がごまんといるはずだ。自社ばかりを見て他社とのベンチマーキングがおろそかになってはいけない。自分が成長したと思ったら、視点をずらして新たなベンチマーキングを設定し、さらなる高みを目指さなければいけないんだ」

「はい」。続けて返事をした。

「まだ翔太くんには足りない考え方があるが、まずはこのベンチマークという考え方をしっかり身につけなさい」

取締役の言う「まだ足りない考え方」というところに引っかかりつつも、今の僕にはうなずくことしかできなかった。

9 多能工

起き抜けから小雨がパラつく一日だった。昼食前でお腹も減り始めていたけれど、僕は朝から機嫌が悪かった。空腹が理由ではない。稟議書の発行が進まずに自分の仕事が止まっていたからだ。

稟議書は各部署の事務担当者にメールで依頼をして発行してもらう。発行してもらって初めて上司に稟議を出すことができるので、発行してもらわないことには始まらない。

この日もメールで依頼をしたものの、なかなか発行されずにいた。この稟議を進められないと他の仕事が手に付かないので、どうにもイライラしてしまう。席を立ち、事務担当者に「稟議書はまだですか？」と聞きに行ったものの、鋭くにらまれて「今、依頼が集中してるんでちょっと待ってもらえますか」と強く言い返されてしまった。

しょぼくれながら席に戻り、仕方なく机の上を片づけていると、美香さんから「翔太、ずいぶんヒマそうね。ちゃんと仕事しなさいよ」などと言われてしまった。もう踏んだり蹴ったりだ。僕は後ろを振り返って事務担当者が近くにいないのを確認してから、美香さんへの反論を開始する。

「違いますよ、稟議書が遅くて待っているんです。いくら早く仕事したところで稟議書発行で止まっちゃうんですから、やってられないですよ。早く終わんないですかね、ホント」。言い終わる前に、美香さんが僕の右後ろを指さしてニヤニヤしているのに気付く。何かと思って振り返ると、たまたま通りかかったらしい事務担当者が鬼のような形相でにらんでいた。

「すみませんね、遅くて。さっきから稟議書が溜まってるって言ってるじゃないですか！」

一瞬フロアが静まり返り、視線が僕に集中した。注目された途端に恥ずかしくなってくる。事務担当者はプイっと顔をそらしてからスタスタと去っていってしまった。僕は居心地が悪くなってきて、周囲の視界に入らないよう小さくなりながら着席した。そこへ、先ほどの大声を聞いていたのか金城取締役が声をかけてくる。

「何かあったのか？」

「いえ、稟議書のことでちょっと、事務の子を怒らせてしまいまして」

取締役は一瞬ニヤリとしてから「なんで怒ったんだ？」と聞いてきた。この人はまるで揉めごとを楽しんでいるかのようだな、そう思いながらも僕は、ゆっくりと事情を説明していった。

「なるほど。稟議書の発行が遅いのが原因なんだな」

金城取締役は向かいの椅子に腰掛けてから、僕のことを指さして続けてくる。

「じゃあ、翔太くんに質問するが、なぜ自分で稟議書を発行しようと思わないんだ？」

「自分でですか？　僕は営業ですし、事務の子が稟議書を発行するって昔から決まってるわけですし」

僕は、呆れ笑いを浮かべながら答えた。

「稟議書は事務の子が発行するべし、と会社の規則で決まっているのか？」

「いえ、そうではないですが……」。思わず口を尖らせた。

「そうやって仕事の役割を、自分で勝手に決めつけてしまうもんじゃない。『**多能工**』という考え方を持ってはどうかな」

「たのうこう？」

「多くの能力を持つ工員と書いて多能工。トヨタの工場では部品の取り付け担当は日々変わるんだ。そうすることで、誰かが欠員になっても周りがカバーできるし、個々の視野も広くなる」

「はあ」。僕は、思わず間の抜けた返事をしてしまった。

「最近は、ホテルの運営会社などでこの多能工を取り入れるところも増えてきている。フロントだったり調理や配膳だったりベッドメイキングなんてのを誰がやっても対応できるようにしているんだ」

なんだか違う国の話でも聞いているようだった。今までの視点が完全に覆されていく。仕事の役割を決めてしまわないなんて、そんなことができるのだろうか?

僕の戸惑いなどお構いなしに、取締役は続けてくる。

「まずは事務の子からやり方を聞いて、やってみることだな」

「ああ、はい……」

*

午後になり、雨も上がってきた。窓の外には晴れ間が少しだけ広がって見える。ひとまず僕は、事務担当者に話しかけてみることにした。

「なんですか？　大野さんの稟議書はもう発行しましたよね。今は何も依頼を受けてないですけども」

予想どおりではあったけれど、また鋭い目つきでにらまれてしまった。明らかに僕を敵視している。どうやらこの子には完全に嫌われてしまったみたいだ。

「いえ、あの、今は依頼ではなくてですね。僕に稟議書の発行を教えてもらえないかと思いまして」

「は？」。呆れた様子で訊き返してくる。

僕は、事務担当者だけに負担させるのは忍びないので、自分でも覚えてやってみたいという主旨の説明をした。すると、「じゃ、じゃあ」ということでその場で説明してもらうことになった。

初めは訝《いぶか》しげな様子ではあったものの、悪い気はしなかったのかもしれない。最後には丁寧に説明してくれたので、自分で稟議書を発行する流れをつかむことができた。

そして、実際にやってみて思った。「この業務も自動化ができるんじゃないだろうか？」と。

考えるなり僕は、座間さんの運用チームに足を向けていた。階段で下のフロアに降りて、パソコンの画面をぼんやり眺めている座間さんのもとに駆け寄った。

「お疲れさまです。あの、お願いがあるんですけど」

長い前髪の隙間からこちらを見ながら座間さんが「おお」と返事をしてくる。

「稟議書作成の自動化ってできませんかね？」

「稟議書作成の自動化？」。座間さんは表情を変えずに繰り返してくる。すると、後ろから声がした。

「VBAで組めますよ」。メガネくんだ。

「前に稟議書を自分で発行したときに、僕も面倒くさいなぁと思ったんですよね。あれ、エクセルVBAで自分で組めますよ」

「それ、僕にもできるかな？」。僕は恐る恐る聞いた。

「じゃあ、この本がわかりやすいと思います」。メガネくんは飄々とした口調で一冊の本を渡してきた。表紙には『わかるVBA』と書かれている。「それの四〇ページあたりが参考になると思います」と言って、メガネくんは自分の席に向かっていった。

「あ、ありがとう」。僕は本を脇に抱えて上のフロアへと戻ることにした。

それから一週間、朝早く来ては本を見ながらVBAを使って稟議書作成の自動化に取り組んだ。

必要な項目について質問に次々と答える形で文字を入力すると、最後には稟議書が作成できる。入力ミスがあればエラーが表示される。そんな動きになるように作りこんでいった。

「よし、これは便利だぞ」。僕は、動きを確認しながらつぶやき、キーボードから手を離した。

その日の午後、トイレから自分の席に戻ろうとしたときだった。金城取締役が廊下を少し早足に歩いてきたので「そうだ」と思いついて咄嗟に話しかけた。

「取締役、多能工の件ですが」

「おお、どうだ」。取締役は立ち止まり、眉を上げながら聞いてきた。

「理解しましたよ」。僕はいろいろと説明したかったけれど、取締役が急いでいる様子だったので、簡潔に伝えた。

「そうか、それは良かったな。ただ、多能工を進めた後にはもう一つ考えなければいけないことがあるんだが」。取締役はそう言ってから腕時計にチラリと目をやった。そして再び僕に目を合わせてくる。

「それを説明するには少し時間が足りない。私はこれから出張に行かなければならなくなってしまったからね。また別の機会に説明させてもらうよ」

まくしたてるように言ってから歩き出し、開いていたエレベーターに飛び乗ってしまった。

「もう一つ考えなければいけないことって、何だろう」

僕はポツリとこぼしてから、踵《きびす》を返して歩き出した。

10 横展

後で美香さんに聞いたところによると、金城取締役は名古屋に出張だったらしい。しかし、よく考えてみるとうちの会社は名古屋に支社などない。その名古屋に何の用があるのかは、僕みたいな平社員が知る由もなかった。

一週間ほど不在らしいけれど、先日の多能工の件が気になっていたので、僕のほうからメールをすることにした。

「多能工の件」というタイトルで、本文を書き進めていく。

「取締役のアドバイスの通り、稟議書の発行を自分でやってみたところ、意外と難しくないことがわかりました。そして同時に、発行する流れにおいて効率が良くないということも感じました。そこで、座間さんの運用チームのスタッフから、稟議書を自動で作る方法を教わりながらツールを自分で制作しました。これを使うことでさらに早く作成できるようになっています」

お礼も添えつつ、一通り書き終えると、僕は自信満々に送信ボタンを押した。さすがに今回は「よくやったな翔太くん」と褒められるだろう。そう感じずにはいられなかった。

褒められているところを想像すると何だか気分が良くなってきたので、休憩がてらオフィスビルの通り沿いにある向かいの小さなカフェに行くことにした。最近お気に入りの「ナレッジ」という名のカフェだ。

お気に入りの理由は、木目調のインテリアに囲まれた空間で気分的に落ち着くということもあるけれど、なにより店員の友樹ちゃんがカワイイのだ。名前は聞き出したわけじゃなく、名札に書いてあったのを読み取っただけだ。何せ、まともに会話したこともない。

「いらっしゃいませ」

友樹ちゃんの声だ。色白で小柄で、腰まで伸びる綺麗な長い髪。その髪をふわりとさせながら、友樹ちゃんが出迎えてくれた。僕は浮ついた足取りで席に座り、ホットコーヒーを注文した。

「かしこまりました」。ニコリとしてから振り返ると、短めのスカートがヒラリとなびいた。気がつくと僕の目はトロンとたれてしまっている。

幸せな気分に浸っていると、突然スマホが振動した。小さく舌打ちしながら画面を見ると、取締役からのメールのようだ。

チラリと見てすぐ、愕然とした気分になった。件名に「それだけではダメだ」と書いてある。さっき送ったメールの内容が「ダメだ」ということが、一目瞭然でわかってしまった。

友樹ちゃんがせっかく運んでくれたコーヒーを、味もよくわからないままに喉へと流し込んでから早々にオフィスへ戻ることにした。メールが気になって仕方がない。

まったく何ともタイミングの悪い取締役だ。店を出るときの友樹ちゃんの「またお待ちしています」という声が、ものすごく切なく感じた。ええ、また必ず来ますとも。

重い足どりのままデスクに戻ると、ＰＣのメールソフトを立ち上げて例の「それだけではダメだ」という件名のメールを開いて読み進めてみた。

「稟議書の作成を自動化するというのは良いやり方かもしれない。ただ、良いやり方を見つけたなら、『**横展**』をしようと考えなければダメだ」と書いてある。

「横展、ってなんだよ？」

僕の疑問を察していたのか、すぐ下のほうに追記がされていた。

「ちなみに横展とは、横展開の略だ」

「それ、別に略さなくてもいいんじゃ……」。そんなツッコミを思わず口にしながらも、さらに読み進めていった。

「業務効率を改善した担当者が、改善した内容やその成果について周囲にも積極的に発表および共有していけば、そのやり方を自分の部署でも取り入れようとする動きも出てくるだろう。そして、そのやり方を取り入れた他部署でさらなる改善が図られ、横展されるかもしれない。そんなサイクルが回り始めれば、個人だけでなく組織全体が強くなっていくんだ」

組織が強くなっていく、というところに特に興味は湧かなかったけれど、まあ周囲の動きが速くなってくれれば僕もこの先、仕事がしやすくなるのかもしれない。そんな思いが頭の中をよぎる。

「横展ねぇ」

ため息交じりにこぼしてから、稟議書をよく使う営業本部内で展開していこうと考えた。

翌日の朝、始業後に僕は一通のメールを配信した。宛先は営業本部全体だ。初めて送信先に使ったグループアドレスなので、少し緊張した。

ご参考まで、というようなスタンスで、「稟議書を自分で簡単に作成できるツールを作りました。良かったら使ってみてください」と書き添えてツールを添付しつつ一斉送信した。取締役の言う「横展」だ。

ところが数時間後、問題も発生した。

一部の事務の女の子から「勝手にやり方を変えるのはどうかと思います」だとか「許可とか必要ないんでしょうか」といった、明らかに不満を書いたメールが返信されてきた。せっかく手間をかけて情報を提供してあげているというのに、何なんだろう。とりあえず、手をつけずにスルーしておいた。

昼休みにふて腐れながら本を読んでいると、また金城取締役からメールが来ていた。読んでみると、内容があまりにタイムリーなので驚く。

「横展について補足として書いておくが、改善した事例を横展する場合に**その動きを阻害する問題**が発生することもある。例えば、大きな阻害要因となるのは『**常識**』だ」

まるで僕の置かれた状況を頭上から俯瞰しているかのようだ。そんな僕の頭の中には、事務の女の子たちがキーっと言いながら反発してくる様子が浮かんでいた。続けてメールを読み進める。

「今まではこうやっていたのに、という常識に会社が支配されている限り、業務改善は限定されたものに終わってしまい、全社に拡大していくことはできないだろう。そんなときは、抵抗する部署や人に対して **『やればできるんだ』『やったほうがいいんだ』というマインド**を植え付けていくことが必要になる。横展開を図るにはそうした説得を粘り強く継続し、本音の議論を続けることが必要になるんだ」

説得を粘り強く継続、かぁ。

僕はため息を一つこぼした。事務の子だって僕が作ったこのツールを使ってくれれば良さがわかるはずなんだけど。

そうか、やってみれば簡単だってことが伝わればいいんだよな。

僕は頭の中でぐるぐると考えた挙げ句、ツールを使うメリットを短くまとめていった。さらに、ツールの使い方を記した手順書を作ってみた。手順書と言っても紙一枚だけれど、長ったらしいよりはシンプルなほうがいいだろう。再び営業本部全体にメールで一斉配信することにした。

面倒くさいことは嫌だけど、横展の言い出しっぺなんだし仕方がない。

「先ほど配布したツールの使い方について、資料を作りましたのでご確認ください。また、ツールを使うことで、みなさんにはこんなメリットがあります」

そんな感じで時間をかけてメール文を書き連ねてみた。何度も読み直しながら、これで説得できるか、動いてくれるか考え抜いた。


一週間ほどしてからだろうか。僕が横展した稟議書作成ツールは、営業部全体に浸透していったようだった。ツールを立ち上げている画面を見かけることが増えていたし、リーダーの指示で使うことを強制したチームもあると聞いた。

周囲を説得していかに常識を打ち破れるかが横展において重要になる、ということはよくわかった。

説得が通じたこともうれしかったけれど、一番うれしかったのは、事務の担当者たちが「仕事がラクになりました。ありがとうございます」と感謝してくれたことだった。

11 他部署を飯のタネと見ろ

オフィスの窓から時折吹き込んでくる風は、かすかに夏の香りを漂わせていた。午前中に終えるべき仕事を終えたので、天気もいいことだし休憩がてらカフェ「ナレッジ」に向かった。もちろんお目当ては友樹ちゃんだ。今日も僕のことを待っていてくれるだろうか。

木目調の重厚な扉を開けると、すぐ視界に友樹ちゃんが飛び込んできた。

「いらっしゃいませ」。この声を聞く瞬間が、いつもたまらない。

席についてしばらくすると、「ご注文はお決まりですか?」と笑顔で聞いてくれた。僕はニヤつきを抑えながらホットコーヒーを注文した。

しばらくして、また足音が近づいてくる。短いスカートをヒラリとさせて近寄ってくる友樹ちゃんを想像しながら振り返ると、ジャンパーをヒラリとさせた人が近寄ってきていた。金城取締役だ。

「おお、翔太くんも休憩か。ここ、いいかな?」

下を向けた人差し指は、僕の向かいの席を示していた。なんでこの人がここに来るんだ。

「は、はい、どうぞ……」。僕には断れるはずもない。

金城取締役は椅子を引き、目の前に腰掛けた。僕にコーヒーを持ってきてくれた友樹ちゃんに、エスプレッソを注文した。友樹ちゃんはニコニコしながら「かしこまりました」と返している。僕と友樹ちゃんの二人だけの時間が台無しである。

「出張から帰ってらしたんですね。名古屋では何をされていたんですか?」

「まあそれはいいじゃないか。ところで、横展はどうだったんだ?」

かぶりを振って質問を軽くかわした取締役が、逆に聞いてくる。

「あ、はい。改善した内容やその成果について周囲にも共有しました。そうしたところ、まあいろいろありましたけど、営業本部にはしっかり広まっていきましたね」

「そうか」

僕は目の前のコーヒーを一口啜ってから続けた。

「あと、『動きを阻害する問題が発生する場合もある』とメールに書かれていましたが、まさにありました。事務担当の一部から反発されたんです。何とか説得して理解してもらいましたけど」

「なるほど、上出来だな」。腕を組んだ金城取締役は、うなずきながら言ってきた。

僕は横にした手のひらを自分の首に当てながら、「じゃあ、これで僕をクビにするって話はなくなりましたよね?」と明るい口調で聞いた。

「なんでなくなるんだ」

「へっ?」

思わず変なところから声が出た。そんなタイミングで、友樹ちゃんがエスプレッソを持ってきて、恥ずかしくなった。金城取締役は友樹ちゃんに軽い会釈をしてから、こちらに向き直ってくる。

「前に言っただろう。まだキミには足りない考え方があると」

ああ、そういえば言っていた。確かベンチマークを教えてもらったときだ。

「僕に足りない考え方って何でしょうか。教えてください」

取締役は、エスプレッソを口に含んでから喉を動かした。そして、一息ついてから再び話し始める。

「キミに足りない考え方は、**リスペクト**だ」

「リスペクト?」。僕の声が鋭くなった。

「以前、生田くんの報告について『アイツの報告には前から何か足りないと思ってた』と言っていただろう。なぜそうやって同じ会社の人間を貶《おとし》めようとするんだ? キミは一人で仕事をしているつもりか?」

「いえ、あの……」

咄嗟に否定をしようと思ったけれど、強く否定することができない自分がいることに気付いた。取締役は容赦なく続けてくる。

「我々は、キングコンピュータという会社組織としてお客様にサービスを提供しているんだ。そしてそのサービスの対価としてお金をいただいている。それが我々の給料の源泉になっている。キミがキングコンピュータの人間を貶めようとしてどうするんだ。そんな考え方の社員はウチにはいらない」

「……申し訳ありません」。もはや僕には、謝るという選択肢しかなくなっていた。

「生田くんを含め、**他部署に飯を食わせてもらっている**と考えるべきだ」

「他部署に、飯を……？」。僕の口から間の抜けた声が漏れる。

「そうだ。もっと視野を広げてみなさい。会社組織は一人だけが働いてお金をもらっているわけじゃない。周囲の助けがなければ成立しないんだ。だから、周りの人にリスペクトをしながら働くべきだと言っているんだ」

「わかりました。でも、どうすればリスペクトする気持ちになるんでしょうか？」

僕の頭には、生田の顔が浮かんでいた。確かにベンチマークしたときにはすごい奴だと改めて思った。とは言っても、そう簡単にリスペクトしろと言われても、どうにも難しい。

「意識しながら少しずつ社内で**縦・横・斜めに人間関係をつくっていけばいい**。仕事のことでわからないことがあれば気軽に聞いたり、悩みを相談し合うんだ。そういった交流を通じて、他部署を尊重する気持ちというのは育まれていくものなんだ」

「わかりました」。僕が返事をすると、金城取締役が席を立った。

「もう休憩も終わりだ。オフィスに戻るぞ」

「はい」


オフィスに戻る途中のエレベーターの中で、取締役が再び口を開いた。

「そういえば、トヨタにはこんな言葉もある。**『前行程は神様、後行程はお客様』**とな」

「どういう意味ですか？」

「自分の仕事の前行程をしてくれる人をすべて神様だと思って対応しなさい。そして、自分の後行程をしてくれる人をすべてお客様だと思って対応しなさい。そういうことだ」

僕は、事務担当者のことを思い出した。さまざまな業務で前行程となる事務担当者を、神様だなんて思ったことはなかった。

「そういう視点で社内を見ることが、組織としての業務を円滑にしてくれるんだよ」。そう言って、取締役は口角を少し持ち上げた。

金城取締役の話を聞いて、僕の心の中では小さな変化が起きようとしていた。

12 算術より忍術

窓から見えるビル群の景色も薄暗くなってきた。事務処理も片づいたのでそろそろ帰ろうかな、と思っていたときだった。美香さんの机に目をやると、資料が山積みになっている。

いつもなら「触らぬ神に祟りなし」ではないけれど「お先に失礼します」とだけ言って帰るところだけど、取締役に言われた「縦・横・斜めに人間関係をつくれ」という言葉が気になっていた。僕は思わず話しかける。

「美香さん、資料がすごい状態になってますね」

「ああ、明後日プレゼンする提案書に少してこずっててね。クライアントの業界資料を見て下調べもしてるし」

そういって美香さんは資料を数枚ペラペラと見せてきた。手元をよく見ると確かにパンフレットや調査会社の資料、作りかけの提案書が散乱している。

「大変ですね、それは」

「その後は請求書も作らなきゃいけないし、この間の出張の交通費もまだ申請出してないわ。ホント大変」

「じゃ、じゃあ、お先に失礼します」。僕は、恐縮して頭を下げながら出口に向かう。

「おつかれ、翔太」。白い手のひらを見せながら、美香さんは弱々しい声を投げてきた。

静まり返る廊下を歩きながら、僕は思った。

僕に仕事の指示をしてくる美香さんも、いわば前工程の人だ。あの人の作業負担を減らすために自分にできることって何かないのだろうか。

美香さんの代わりに提案書を書くというわけにはいかないから、雑務の部分だろうか。請求書とかを代わりに作ってあげるべきなのだろうか。僕はエレベーターのボタンを押してからふと思った。

そうか、請求書とか交通費精算書もエクセルＶＢＡを使って自分で組めるんじゃないだろうか。それができれば美香さんの負担も減るだろう。僕は、ドアの開いたエレベーターには乗らずに踵を返した。

自分のデスクに戻り、椅子に腰掛ける。机の上の本に手を伸ばし、『わかるＶＢＡ』を開いた。

「あれ翔太、帰ったんじゃないの？」。美香さんが中腰で覗き込んでくる。

「いえ、ちょっとやり残したことが」。そう言って僕は、作業を進めた。

それから三日後、請求書と交通費精算書の自動作成ツールを完成させた。動作確認も終えて美香さんに見せに行く。手元のノートPCで試してもらった。

質問に答えるような形で簡単に請求書が作成される様子を見ながら、「これはラクでいいわね」と美香さんが歯を見せてくる。

「美香さんにラクになってもらいたいと思いまして」と思わず僕がこぼすと、「あ、ありがとう」と照れくさそうな顔をして言ってきた。

僕は席に戻ると、このツールも同じように営業部へ「横展」しようと考え、メールを書き始めた。

一通り書き終えて送信ボタンを押すと、「翔太、ちょっと来て」と美香さんが手招きした。「なんですか」と美香さんについていくと、オフィスの出口を通って休憩室に入っていく。

「お礼におごるわ」。そう言って美香さんは、窓際に置かれた椅子に腰掛けた。自動販売機で缶のお茶を買うと、僕に向かって放り投げてきた。

「ありがとうございます」

美香さんがおごってくれるなんて珍しいな、と思いながら、僕はプルタブを引っ張った。

窓の外に目をやると、向かいのビルには電気が点いている部屋がいくつもあった。お茶を飲みながら、僕がなぜエクセルVBAを使って請求書とか交通費精算書を自分で組んだのかを美香さんに説明していった。

もともとは「**多能工**」の考え方で事務担当者の仕事を手伝ったこと。

そこから自動化の重要性を感じてVBAでツールを作り、「**横転**」をしていったこと。

そして、今回のように他の書類でも応用ができるのではないかと思いついたこと。

美香さんは、「なんだかよくわからない用語を使うわね」と言いながら、時折窓の外を眺めたりして話半分で聞いているようだった。

ある程度話をしたところで、背後から声がした。

「悪くない考え方だな」

紺色のジャンパーが目に飛び込んでくる。

「取締役。お疲れさまです」。僕がお辞儀をすると、美香さんも釣られて会釈をした。

「立ち聞きをしてすまないね。翔太くんのその考え方は『**算術より忍術**』だな」

「算術より忍術?」。椅子に腰掛けている美香さんが復唱したものの、声は裏返っている。

美香さんのほうを見てうなずいた取締役は、続けて話し始めた。

「そう、もともと事務の子が稟議書作成に時間をとられているからということで自分で代わりにやってみたんだろう。その考え方だけではいわば1＋1＝2というような計算だ。そこで自動化するツールを作り、さらに同じように他の書類でも使えないだろうかと考え方をずらしていって、効率が上がっていった。まるで忍術を使うかのように、1＋1を3にも4にもしていったわけだ。単純な計算や過去の数字、今までのやり方にとらわれず、**工夫次第で業務効率なんてのはいくらでも上げられる**ということだ」

自分が忍術を使ったなんて自覚はないけれど、言葉にされると少しうれしい気がしてくる。すると、美香さんが自動販売機に寄りかかりながら声を出す。

「要は、私たちIT業界でいうところの工数削減ってやつですよね」

その発言は何だか取締役への挑発的な意見にも聞こえてしまい、僕は内心ヒヤヒヤしてしまった。しかし、僕の心配をよそに取締役は淡々と返す。

「確かにエンジニアの世界には工数という言葉がある。ただ、工数という名のマンアワーは計算できても、人間の潜在的な力であるマンパワーは計算できない。知恵とか能力に限界なんてないはずだから、その伸びしろに期待しなければダメなんだ。工数という考え方は自らに限界を設けてしまっているとも言える。仕事というのは計算できない要素も視野に入れながら成長させていかなければいけないんだよ」

美香さんは軽くうなずきながらお茶を飲み干すと、空き缶をゴミ箱に放り込んでから休憩室を出て行ってしまった。僕は慌てて「美香さん、ご馳走さまでした」と声を投げた。そして、取締役に向き直ってから「ありがとうございました」と言って、美香さんの後を追った。

美香さんにも取締役にも、どちらにもいい顔をしようとして、相変わらず僕はサラリーマンだ。

そんな僕に、これから先、サラリーマンが嫌になってしまうような災難が降りかかってくるとは、想像すらしていなかった。

13 二階級上の立場で考えろ

初夏の空は冬のそれよりも広く感じる。雲が形を変えながら、ビルの隙間を流れていった。

新しい月が始まるこの日、出社してすぐに僕は、いつもどおりお客様先へのアポイントの準備を始めようとPCを立ち上げた。お客様のデータは社内のデータベースで管理されていて、営業本部の全員がアクセスすることができる。

……はずだった。

アクセスしようとしてもエラーが返ってきてしまう。「データが存在しません」などと表示されている。

僕は何度かデータを開き直そうとしてみるものの、結果は変わらなかった。徐々に焦りが出てくる。「ちょっと、社内のデータなのに、まずいぞコレ……」

そうこうしているうちに、徐々に出社してくる人も増えてきた。そして、あちこちで「あれ？」「エラー？」といった声が上がりはじめる。

僕だけではなく、全員のＰＣからアクセスできないことが判明してきた。それと同時に、一番初めにアクセスしようとした僕が、疑われてしまうことになった。

「最初に大野がアクセスしたらしい」「大野が最初に変な操作をしたらしい」「大野が操作を誤って壊したらしい」。そんな良からぬ伝言ゲームが営業本部を駆け巡り、遅れて出社してきた美香さんの耳には「大野がデータベースを壊した」という情報がインプットされていた。

「翔太、いくらどんくさいからって営業本部のデータベースを壊すなんて最低ね。何してくれてんのよ、まったく」

「違いますって！」。僕は必死で弁解をする。思わぬ誤解を解くのに、朝から嫌な汗をかいてしまった。

その後の情報統括部門の調査によると、意外な事実が明らかになってきた。

先月付けで辞めた社員がデータベースを消してしまったのだという。


そうなってくると、その社員の所属チームはもとより、営業本部の町田部長に責任が降りかかってくることになる。情報通の美香さんによれば、原因を特定して速やかに解決しなければ、町田部長は減俸なり降格なり、何かしらの処分が下されてしまうようだ。

「マイホームを買ってローンを組んだばかりだって自慢しながら言ってたのに、サラリーマンって大変よね」

美香さんは冷たい口調で言いながら下唇を突き出した。僕はと言えば、とにかく自分の責任じゃなくて良かったと胸を撫で下ろしていた。


嫌な汗も引いてホッとしてきたら、友樹ちゃんの顔を見たくなったのでカフェ「ナレッジ」に足を向けた。木目調のドアを開くと「いらっしゃいませ」と男性の声が聞こえてくる。店内を見渡しても、どうやら友樹ちゃんは休みのようだ。

なんだ、と肩を落としながら歩みを進めると、落としたばかりの肩が跳ね上がった。またしても金城取締役と遭遇してしまったのだ。

「ああ、翔太くん。キミも休憩か。まあ座りなよ」

僕は促されるまま取締役の前に座った。せっかくくつろごうと思ってもこれでは緊張してしまうじゃないか。そう思っても、後の祭りだ。しぶしぶホットコーヒーを注文した。

「この間の忍術は良かったね。業務も少しは円滑になってきたんじゃないかな？」

「円滑といえば今朝のデータベースの件、大変でしたね。町田部長はどうなっちゃうんでしょうかね」

「ん？　ああ」。そう返事をしてきた取締役の目が、一瞬鋭くなった気がした。続けて取締役が口を開く。「翔太くんなら、これからどう対応する？」

「ぼ、僕ですか？」。少し考えてみるものの「いやぁ、僕は部長じゃないのでわかりませんよ」と両手をバンザイする形に広げた。

すると一瞬、金城取締役の眉間に皺が寄った気がした。

「そんな考え方じゃダメだ。**二階級上の立場で考えなさい**」

身体が硬直してしまった僕に、金城取締役は淡々と続けてくる。

「翔太くん、一般の社員であっても**全体を見渡すセンス**は必要なんだよ。自分のことばかりを考えて部分最適を優先にすると、かえって会社全体の利益や効率を損なうことがしばばしばある。会社全体の利益を考えるためにも、一階級上の立場で考えることが重要なんだ。そういった考え方の人間こそ、本当に階級が上になっていくものだしな」

僕の頭には、町田部長の姿が浮かんでいた。町田部長も入社当時からそんな考え方で仕事をしていたんだろうか。それとも、部長になってからいろいろと考えるようになっていったんだろうか。頭の中のモヤモヤとした部分に、金城取締役の言葉が再び割り込んでくる。

「今は会社から給料をもらっているからピンとこないかもしれない。ただ、もしこのキングコンピュータが翔太くんの経営する会社だったら、と考えてみなさい」

「ぼ、僕の会社ですか?」。僕はようやく言葉を発した。

「そうだ。キミが社長だ。そうすれば、目先の仕事のやり方は絶対に変わる。意識も変わる。そうなると、仮に将来独立しても困らないようになるはずだ。現場の一人ひとりの人間がそうやって自分の頭で考え、自分の足で立つ心があってこそ会社は進化していくんだ」

言い終わると取締役は、伝票を握って立ち去ってしまった。僕は呆気に取られながら見送るだけだった。

白いコーヒーカップを見つめながら、言われたことを反芻していた。自分が所属している会社が自分の経営する会社だったらどうなるかなんて、これまで考えたこともなかった。経営者は経営者、部長は部長、一般社員は一般社員、そんな線引きを自分の中でしていて、別の世界だと思っていた。ただ、最近言われているような「多能工」にせよ「横展」にせよ、現時点から**視点をずらす**ということの重要性を取締役は言っているんだろう。

もし自分が町田部長だったら、今回のように辞めた社員が腹いせでデータベースを消してきたら、何を思うだろうか。やはり、同じようなことが起きないために、何か対策を施すだろうか。だとしたら、何をするだろう。僕はしばらく、コーヒーカップを見つめたまま考えを巡らせていた。

*

翌朝、いつもの通り町田部長の太い声で一日が始まった。

「よし、朝礼を始めるぞ」

いつものように本日の部署の予定と連絡事項が言い渡された後、町田部長の動きが止まった。見ると、部屋の隅で金城取締役が手をあげている。

「取締役……、なにか？」と部長が声をかけると、金城取締役が一歩前に出ながら町田部長に質問を投げかけた。

「昨日データベースが消えてしまうという事態があったと思うんだが、辞めた社員は、なぜデータベースを消すような行為をしてしまったんだろう？」

町田部長は少しうなずいてから、しっかりと口を開いた。

「……はい。あの社員はかねてより残業が多かったので、それに不満を持っており、何度も残業をしたくないと言ってきていました。ですから、私を困らせようとしての行動だと考えています」

「なるほど、だとすると何をすべきなのかな」

町田部長はしっかりと前を見て答える。

「はい、残業抑制施策をすぐに検討したいと思います」

金城取締役はニコリとして「じゃあ、そうしてください」と言ってからその場を離れていった。

その日を境に、残業に対する考え方が全社で変わっていった気がした。

POINT解説

「横展思考」

横展開を省略した「横展」は、トヨタの思想そのものと言えるかもしれません。良いものはどんどん広めて、全体の底上げを図る。お互いに切磋琢磨をしてさらに良いものにしていく。そんな考え方を軸に、社内的にも社外的にも積極的に横展をしていました。

第一章の「改善」でも何度も出てきたように、トヨタではとにかく「知恵」を重視していましたが、自分一人の知恵には限界があります。ですから、他者の知恵を共有するためにも横展が重視されているのです。また、知恵の共有だけでなく、一つのアイデアをずらすことで新たな発想が生まれるケースもあります。

「ベンチマーキング」や「忍術」など「視点を変える」というキーワードがそれを表しています。

それでは、どのように進められているかと言いますと、一つは**社内の部署同士の情報交換**です。大きな企業では当たり前のように行われているかと思いますが、トヨタでは部署同士だけでなく職位同士や出身地同士などで集まる機会もあり、情報交換を行っています。また、私のような現場のメカニックであっても、地区ごとや県ごとなど他の営業所との交流機会がよくありました。

一般の人からすると店舗同士の交流はないように見えるかもしれませんが、地区ごとのレクリエーションや勉強会など、交流機会はわりと多いと思います。

また、改善成果のコンテストや発表会なども数多く開催されていました。私もこの改善成果のコンテストで二年連続全国大会に出場したことがあるのですが、大会の会場では全国の現場で出された改善アイデアがまるで展覧会のようにパネル展示されており、写真を撮ったりメモを取る人たちであふれていました。まさに全国レベルの大規模な「横展」が繰り広げられていて、圧倒されたのをよく覚えています。

こういった日々の職場という小さな世界から離れた「インフォーマル活動」を通じて、さまざまな人脈が張り巡らされていきました。そして、情報を共有化するための手がかりが生まれ横展が行われていく、ということになるわけです。

そもそも、トヨタの在庫管理で有名な「カンバン方式」も、元はアメリカのスーパーマーケットがやっていたものをトヨタが取り入れ、独自に進化させていったものです。自社だけで考えるのでは限界があるため、視点をずらして海外の小さなスーパーマーケットをベンチマークし、良いやり方を知りました。

そして、それを社内に横展して浸透させていき、国際的な競争力を持つ企業に成長していったわけです。

横展を中心とする「**視点をずらす**」という考え方は、どんな仕事、どんな職業でも当てはまるものですから、ぜひ取り入れてみてください。

新しい視点を手にする

1 良いケースをベンチマークする

2 視点をずらして新しい発想を生む

3 他人の知恵を共有する

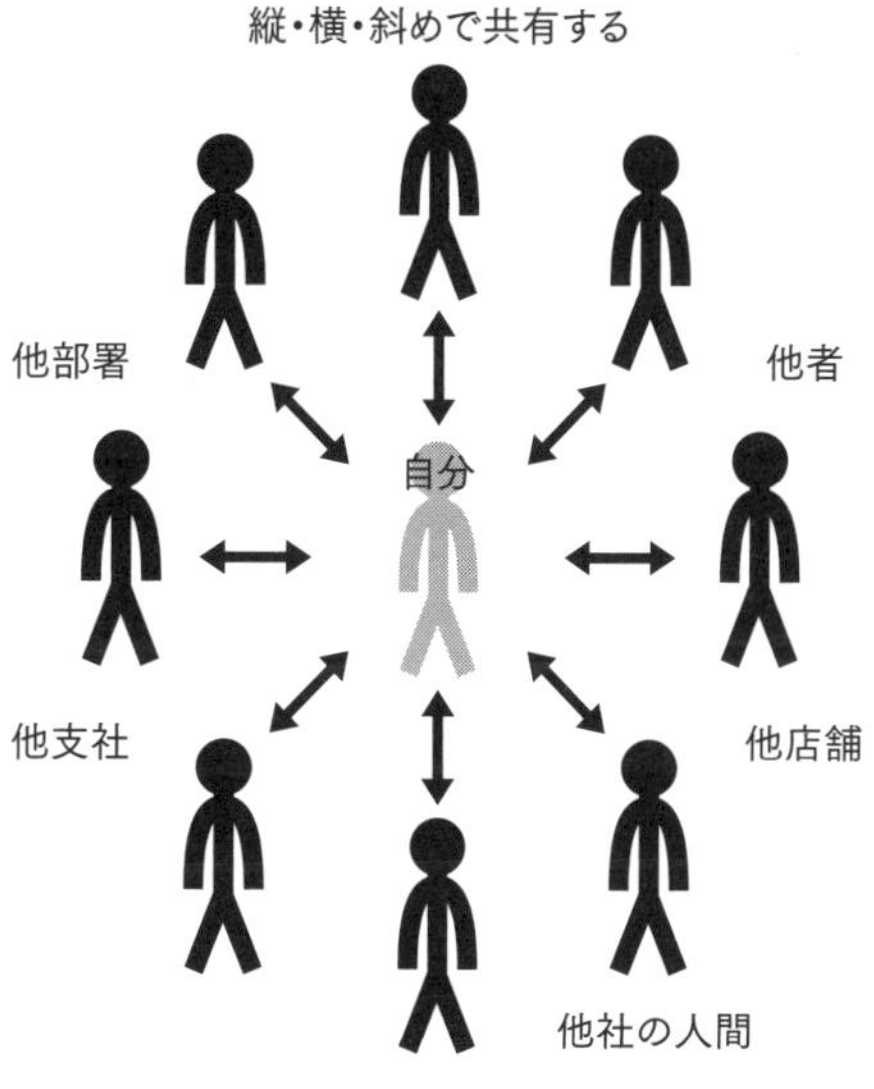

交流から新しい視点が生まれる ▶▶▶

■職位別グループ　■出身地別グループ
■地域別レクリエーション　■勉強会
■コンテスト　■発表会など

第3章

問題がわかれば九割解決できる

現場思考

有効な解決策は、問題をいかに正確に把握できるかで決まる。では、どのように問題を見極めればいいのか？

POINT

問題は常に
現場・現実の中にある

自分の頭で考えるヒント

1 ▶ 問題は「見る」ことで発見できる

2 ▶ 実際のユーザーの声や
商品の声を「聞く」

3 ▶ 数字は現実を物語る

14 自らを必死の場所に置け

人もまばらな朝のオフィスは、仕事が進みやすい。僕は今日すべきことをまとめようと自分の席に着くと、すぐに代表電話が鳴った。営業部を見渡しても後輩が見あたらないので、受話器を取ることにした。

「おはようございます、営業部の大野です」

「水谷建設の坂下と申しますが」。男性の低い声が耳に響く。

「あ、お世話になっております」

誰のクライアントかは知らないけれど、快活に挨拶を返す。

「弊社のサーバーがネットワークにつながってないようなんですが」

「ネットワークにつながって……え⁉　つながってないんですか⁉」。僕は思わず声が裏返った。

「まったく仕事にならないんですけど、これってどうしたらいいんでしょうか」

矢継ぎ早に話してくる男性の語気が、にわかに強くなってくる。

「す、すみません、担当のものに確認しまして、お調べしてから折り返しご連絡さしあげます。申し訳ありません」

僕は苦しまぎれの対応をしながらも、何とか電話を切らせてもらった。早く調べて折り返しの電話をしなければ。

「ネットワークにつながってないって……どういうことだろう……」

そして、まるでその電話が火蓋を切ったかのように、フロア中の電話が徐々に鳴り始めた。先輩たちも電話対応に追われ、後から出社してきた人たちもみんな、受話器を取らざるを得なくなっていた。聞いていると、みんな同じ内容の問い合わせらしい。テレビショッピングのコールセンターというのは、こんな感じなのだろうか。そんなことを想像している場合でもない。

なぜだ？　なぜこんなことが起きるんだ？

始業時刻を過ぎてから、動きがあった。電話対応はひとまず総務や事務担当者に任せ、町田部長が営業部に召集をかけ始めた。みんな小走りで会議室に向かう。

ただ、美香さんはお客様とのアポイントを理由に参加しなかった。両手を合わせながらオフィスを出て行く美香さんを横目に、会議室へ入っていく。緊迫した空気に包まれたまま、席に着いた。

会議の結果、緊急で対策チームが組まれることになった。顧客対応のチームと問題解決のチームに分かれ、顧客対応のチームはかかってきた電話やメールに謝罪をしていく。問題解決のチームはその名の通り、今起きている問題を速やかに解決する。

すると、町田部長から「最初に電話を取った」ということもあって、「問題解決チームは大野くんが主導でやりなさい」という指示が出てしまった。殺人事件の第一発見者が疑われてしまうというのはこういうことなのか。

会議を終えてから、少しうなだれつつ自分の席に戻ろうとすると金城取締役が通りかかった。

「取締役、おはようございます」。僕は思わず声をかける。

「やあ、何か問題が起きたようだな」。取締役は神妙な面持ちで返してきた。

「そうなんです。それで、僕が問題解決チームを主導しろって言われたんですけど、どう解決していいかまったくわからなくて。こういう場合はどうすればいいでしょうか?」

金城取締役はギロリと僕をにらみつけた。

「いい加減、自分で考えたらどうかな」

重厚な威圧感で動けなくなった僕を尻目に、取締役はその場を去っていった。

とぼとぼと自分の席に戻ってみると、まだ周囲で電話が鳴っている。何人かの後輩が僕のところに来て、「どう対応しましょうか?」と指示を仰いでくる。

僕は「あ、あとで指示出すからちょっと待ってて」とだけ伝えて机に突っ伏した。

……僕はどうすればいいんだ。

「戻りましたぁ」。外出から美香さんが帰ってきた。僕は起き上がって駆け寄り、会議の内容を伝えながら「美香さん主導でやってくださいよ。お願いします」と言ってみたものの、「ごめん、これから別件があるから」と相手にしてもらえなかった。

そして僕が向かった先は、トイレだ。

個室にこもりながら、ただただ頭をかきむしった。ネットワークにつながらない原因って何だよ? なんでいろんなお客さん先で発生しているんだ?

……そうか、いろんなお客さん先で発生しているってことは物理的な現象じゃないのか。そうするとソフトの問題? ソフトウェアがどうなったんだ? 今朝から突然どうなったっていうんだ?

……そうか、今朝から同時多発的に起きたんだよ。じゃあ、昨日の夜に何かきっかけがあったんじゃ?

僕はトイレを飛び出して、下のフロアに駆け下りた。運用チームの座間さんのところだ。

「座間さん、すみません！」

遠くに見える座間さんは、机の上のパソコンと向かい合い、せわしなくキーボードを叩いている。モニターの明かりが、座間さんを照らす後光のようにも見えた。

「昨日、ソフトウェアに対して何か大きなイベントってありましたか？」

近づいてから質問を投げた。

「昨日……」。座間さんは画面を向いたまま考え込んだ。すると、背後から声がする。

「あ、昨日はネットモニターのアップデートですよ」。メガネくんだ。

「すみません、ネットモニターって何でしたっけ？」。僕は聞き返す。

「サーバーに付属しているアプリケーションで、ネットワークを監視するツールです。定期的にアップデートしていて、昨日もバージョンアップ版が自動配布されたはずです。それがどうかしました？」。メガネくんは人差し指でメガネのフレームを持ち上げた。

僕は今朝起きたことを二人に伝えていった。すると、座間さんの顔色がみるみる変わっていく。

「ネットワーク障害だと……？」

座間さんはそうつぶやくと、勢いよくキーボードを叩き始めた。そして、メガネくんの解説によれば、すぐにバージョンアップに不具合があることを突き止めたので、修正パッチを作成してテストし、改めて緊急配布をしてくれるという。

配布が終わってから営業部に確認の電話をしてみたところ、お客様先での不具合は解消されていったようだった。

同時に座間さんに原因も調べてもらったところ、アップデートのテストが不十分だったということで、運用チームではテスト範囲を拡大して実施するというルールに変更された。僕は大きく胸を撫で下ろした。

ただ、障害発生時の社内フローが定まっていないのは気になった。何かあったときにどうしたらいいのか決めておくべきなんじゃないだろうか。

そこで、まず運用チームや開発チームに相談するための手順書や連絡先一覧の表を僕が作り、営業部全体に配布することにした。

気が付くともう、辺りは薄暗くなっていた。今日は本当に疲れた。トイレに行った帰りにフラフラと廊下を歩いていると、背後から声をかけられる。

「収まってきたようだな」。金城取締役だ。

「いやあ、もう大変でしたよ。何度逃げようと思ったことか。ホント勘弁です」

「いや、良かったんじゃないか？」

「良かった？　何が良かったたって言うんですか」。僕は口を尖らせた。

「トヨタには**『自らを必死の場所に置け』**という言葉がある」。言いながら金城取締役は顎鬚を撫でた。

「必死の場所？」

「そうだ。厳しい局面に追い込まれたとき、音をあげるか知恵を出して頑張るかで人間の値打ちが決まってくる。**現場での危機を飛躍のバネとする**のがトヨタ流なんだよ」

僕は今朝トイレで追い込まれていたときのことを思い出した。確かに、何とかしなければと思って、かつてないほどに頭がフル回転していたように思う。

「危機を飛躍のバネ、ですか。じゃあ危機があったら近づいていけ、とでも？」

「そうだ。時に自らを困った状況に置くことで、必死に知恵を出すという経験をしたほうがいい。問題のない現場と問題のある現場のどちらかを選ぶなら、**率先して問題のある現場に立ってみる**べきなんだ」

金城取締役が言いながら僕の背中をポンと叩いた。僕は今日のことがぐるぐると頭をよぎる。

「必死に知恵を出す、か。まあ確かに、今回の話を機にルールの変更につながりましたし

「……」

「知恵が出やすくなっただろう。やってはいけないのは、問題が発生しているのに知らないふりをすることだ」。取締役が両手の掌を上に向けて広げて見せた。

「知らないふり」。僕の頭には美香さんの姿が浮かんだ。あの人、一応うちのチームのリーダーなんだけど……。

「何か問題が起きたら**当事者意識**を持ちなさい。そして、自らが『**問題のホルダー**』になるんだ。問題があるのに向き合わず何も考えないのは、ビジネスマンとして失格だ」

そういって金城取締役は、その場を立ち去っていった。

「問題のホルダー、か」とつぶやきながら自分の席に戻ると、パンを頬張っている美香さんと目が合った。

「解決したの？」。口をモゴモゴさせながら言ってくる。

「はい、何とか」

「あら、良かったじゃない。こっちも商談うまくいきそうだわ」

「そうですか、それは良かったですね」

自らを必死の場所に置かない美香さんは、なぜだか憎めない人でもある。

ただ、僕が許したとしても、許してくれない人がいた。

15 三現主義

翌日、美香さんと僕は呼び出された。もちろん、金城取締役にだ。

会議室に入ると、正面に取締役が座って腕を組んでいた。

「昨日は大変だったね」

僕に向かって言ってきたので、片手を前にかざしながら「いえいえ」と返す。

そして、取締役は美香さんのほうを向いて声をかけた。

「ところで海老名くん、キミは昨日何をしていたんだ？」

「商談でした」

美香さんは何ごともなかったように淡々と返答する。相変わらずヒヤヒヤさせる態度だ。

「昨日、会社で何が起きたのか知っているのか？」

取締役はトーンを変えずに質問する。

「ええ、翔太から聞いているので知ってます」

フッと一息ついてから、取締役が僕の顔を見て続けてくる。

「じゃあ、翔太くんに聞こう。問題に対応しながら海老名くんに対して思ったことはないか？」

「美香さんに対して思ったこと……ですか？」。僕は天井の隅を見つめた。

どういう風に言おうか思案していると、「正直に言ってみなさい」と取締役が煽ってくる。

「何よ、何かあるなら言いなさいよ」。美香さんも口を挟んできた。

取締役と美香さんに挟まれ、僕は少し息苦しくなりながらも何とか言葉を吐きだした。

「できれば、率先して対応してほしかったかと……」

取締役がゆっくりうなずいてから声を出す。

「そうだろう。海老名くんに足りないのは『**三現主義**』だ」

「さんげんしゅぎ……」

「**現地に行って、現物を見て、現実を知る**、ということだ。三つの『現』には他にもさまざまな意味が含まれるが、それはいずれわかるだろう」

そういうと、金城取締役は意味深げな含み笑いをした。そして続けてくる。

「なあ海老名くん、問題が起きたときには上司自らが現地に足を向けるべきだ」

美香さんは片手で拳を握りしめながら反論する。

「私はお客様とアポだったんですよ、仕方ないじゃないですか」

「駅前のカフェでアポイントだったのか？　なぜお客様をオフィスまで呼ばなかったんだ？」

「あ……」

美香さんは顔を真っ赤にして黙り込んだ。話の流れからすると、どうやら駅前のカフェにいるところを取締役に目撃されてしまったらしい。ということは、アポイントというのも商談がうまくいきそうという話もウソなのか。

重苦しい空気が会議室を包み込む。僕はまた息苦しさを感じてしまい、たまらず声を出す。

「あの、僕も必死になったからこそアイデアが出たので、これで良かったかと」

苦しまぎれに、なぜか美香さんを擁護する発言を口にしていた。取締役は手の平を僕に向けながら声を上げる。

「翔太くん、それとこれとは別の話だ。知恵を出すために必死になるのは大事だが、部下が問題に直面しているなら、上司はその場所へ足を運ぶべきなんだよ」

僕は開いていた口を静かに閉じた。取締役は容赦なく低い声を浴びせてくる。

「上司は部下を信頼し、鍛え、育てていく必要がある。そのためには、上司自身が現場をよく知っていることが必要なんだ。データや報告だけではなく、自分の目で現地に行って、見て、確かめる。事実の奥にどんな問題点が潜んでいるのかを自分の目で発見する。その力がなければ管理職とは言えない」

美香さんはもう壁のほうを向いてしまい、会話をする気もないようだった。そんな美香さんを無視するように、取締役は僕に向かって語り続けてくる。

「翔太くんだってそうだ。何かが起きたらまず現場に行けばいい。**現場こそが最高の勉強場所**なんだよ。現場を見れば自分が考えたことが良いことなのか悪いことなのか判断できる。それがまた、新しい問題点となる。仕事は机の上だけでやるものではないんだ。現場の実物を見て、実体を確認しながら進めていくものなんだからね」

「現場こそが最高の勉強場所、ですか」

金城取締役は顎髭を撫でてから立ち上がった。

「そうそう、また私は出張に行くことになった。今回は一カ月だ」

「一カ月ですか⁉……その間、僕はどうすればいいんですか？」

「だから言っているだろう。人にばかり頼るんじゃない」

美香さんのほうも見ながら、取締役は続けてくる。

「とはいえ、私も営業担当役員として責務を果たさなければいけない。これを渡しておこう」

そう言って差し出してきたのは、ポケットサイズのリングノートだった。厚みはそれほどないものの、赤茶けた表紙に古めかしさを感じる。

「ここには三現主義について必要な考え方がいくつか書いてあるから、困ったときに読んでみなさい。何かヒントになるかもしれない」

「わかりました」

僕は小さなノートを両手で持って答えた。美香さんはもう、うなずくこともしなくなっていた。

16 現場が先で、データは後だ

空を、厚みのある雲が覆っていた。朝から小雨がしつこく降っている。梅雨どきの暗い空を映し出しているかのように、チームの雰囲気もどんよりとしていた。

今月は部署の売り上げ目標に数字が届かないようだった。イントラネットに掲載されている数字を見ると、得意客からのサーバーの発注依頼が減ってきているように見えた。

美香さんは朝から町田部長に呼び出されたらしく、ずっと機嫌が悪い。そして昼前に美香さんから号令がかかり、チームでのミーティングが行われることになった。

ミーティングの冒頭でため息交じりに美香さんが言う。

「売り上げ増加に向けた対策をしなさい、というのが部長からのお達しよ。うちのチームが一番売り上げ目標に届いてないって」

まるで他人事のような口振りだけど、いつものことでもある。

「なんでうちが一番伸びてないのか、原因を追究していきましょうよ」

厳しい口調で言い放つ美香さんを中心に、少しずつチームで議論をしていった。

キングコンピュータのサーバーが売れている業種別、時期別などのデータを表示しながら分析をするものの、どの見方も正しいと言えば正しいし、意見も分かれてしまうし、なかなかまとまらなかった。

誰かのお腹が鳴る音が聞こえてきて、すでに昼休みも終わっていることに気が付いた。

仕方なく時間切れということで会議を終わらせることにした。

みんなが会議室を出ていった後、僕と美香さんだけが席に残っていた。

「どうしたらいいかわかんないわね……本当に」

美香さんがぼそりとつぶやいて、ゆっくりと立ち上がる。

「そうだ、あのノートを見てみましょうか」

言いながら僕は、赤茶けた三現主義ノートをポケットから取り出した。

「翔太、そんなの本気で頼ってるわけ？」

美香さんは呆れた口調で再び椅子に勢いよく座り込んだ。

めくってみると、一枚目には「**現地・現物・現実**」と書いてある。

また一枚めくっていくと、大きく「現地」と書いてあった。その隣のページに書いてあることを読み上げてみた。

「**現場が先で、データは後だ**」

「は？」。美香さんが頬杖をつきながら口を開く。

「データは後……。美香さん、これまさに今の状況が当てはまるんじゃないですかね」

美香さんは頬杖をついたまま淡々と返してくる。

「そんなの偶然に決まってるじゃない。そもそもデータは大事なんだし。馬鹿らしい、そんな汚いノートに書いてあることなんか信用できないわよ」

「でもやっぱり、まずは現場に行けってことじゃないでしょうか」

僕はノートを指さしながら反論する。

「現場現場ってうるさいわね。ベテランの刑事じゃあるまいし」

そう言って渋る美香さんを何とか連れ出して、お客様のところを訪問することにした。うちのチームで一番多くのサーバーを納入しているクライアントだ。ここ半年ほど、新規の注文をいただいていないのでずっと気にはなっていた。

「突然の訪問で申し訳ありません。武石様はいらっしゃいますでしょうか」

受付の電話から窓口担当者を呼び出した。

目の前に現れたのは、細身の男性だった。

「すみません、武石は不在ですが、私が対応させていただきます」

打ち合わせスペースに通され、名刺交換をする。そして早速、いくつか質問をさせてもらった。

「武石さんがご不在ということですが、今日はお休みか何かで?」

「いえ、そういうわけでは」

細身の男性は何か言いづらそうに口ごもったが、続けて話してくれた。「実は武石はもう退職いたしまして、申し訳ありません」

「え？　でも請求書の発注者は武石さんになっていますけど」

美香さんが手元の資料を見ながら口を開く。

「ああ、古いテンプレートをそのまま使っておりまして、すみません。今の担当者は大城と言います。今日はお休みをいただいておりますが」

細身の男性が申し訳なさそうに身を縮めた。

「あの、不躾な質問で恐縮なんですが」。美香さんが切り出した。

「なんでしょう?」

「最近、御社からの発注が減ってきてますが、何か理由はおわかりでしょうか」

美香さんらしいストレートな言い回しだ。僕にはとても真似できない。

「減ってますか? あれ、サーバーの数は増やしているはずなんですけどね。あ、そういえば新しい担当者の大城の友人にダイヤコンピュータの人がいるらしくって、そのつながりもあってベンダーを徐々に変えてるって言ってましたね」

細身の男性は、ばつの悪そうな顔をしながら言った。空気の気まずさを表すように、彼の話す語尾は徐々に小さくなっていた。事情を理解した僕たちは挨拶もそこそこにして、その会社を後にした。


帰りの電車の中で、僕は吊革に手を絡ませながらグチをこぼす。

「担当者が定期的に顔を出さないからこういうことになるんですよ」

「うるさいわね。担当は私じゃないわよ」

美香さんはそう言って吊革をグイッと捻った。やっぱり、現場が重要だってことなんじゃないだろうか。

僕は再び三現主義ノートを開いた。駅に着いたので、降りてから会社に向かって歩きつつ、「現地」のところを読みかえしてみる。すると、隣で歩いていた美香さんが指をこちらに向けてきた。

「裏にもなんか書いてあるじゃない。そっちは読んだ?」

裏を見ると、確かに小さな字がびっしりと書いてある。「あ、ホントですね。ちょっと読んでみます」

僕は声に出して読んだ。

「問題解決というと、データ分析を中心に進めようとする人が少なくない。だが、データだけで原因がすべてわかるということは滅多にない。データはあたりをつけるのに用いるべきものだ。重要なのは、**現場をじっと見ることだ**。あるいは、現場を見て気づいたことをデータで実証する。『**見る**』という行為があって初めて、問題と真因がつかめることを忘れてはならない。実際、トヨタの役員は何か問題があると思うと、一時間でも二時間でも、じっと一つの現場を見ていたものだ」

「現場ね、はいはい」。美香さんはそう言って、目線を落としながら歩き続けた。

美香さんの背中に向かって、僕は独り言を漏らしていた。

「美香さん。僕ら、現場見てませんでしたよね」

ノートに書いてある通り、「見る」という行為があって初めて問題と真因がつかめる、というのは本当にその通りだな、と実感していた。

17 床にはお金が落ちていると考えろ

歩きながら隣のページに目をやると、何か小さく文字が書いてあった。

僕は立ち止まって文字を確認し、美香さんに声をかける。

「美香さん、まだ続きがありました」

振り返った美香さんは、明らかに不機嫌そうだ。僕は近づいていってから続きを読み上げた。

「『**床にはお金が落ちていると考えろ**』ですって」

「は？　床に落ちてる金を拾えってこと？　私そんなに落ちぶれてないわよ」

美香さんが地面に指を向けながら眉間に皺を寄せた。

「いや、拾えってことじゃないとは思いますけど、でもこれはどういう意味なんですかね」

「知らないわよ、何か他に書いてないの？」

「いえ、このページにはもう……」

「じゃあ、わかんないわよ」。美香さんはくるりと体を前に向けて、歩みを進めた。

僕は、黙ってついていくことしかできなかった。


先日の「担当者がいつの間に変わっていた」件を機に、僕らのチームはお客様先を訪問するようになっていた。美香さんもノートの指示に素直に従うのは悔しいのか口にはしないけれども、明らかに意識しているように思えた。そもそも「お客様先へ訪問しなさい」というのは美香さんの指示だったからだ。

僕も、新規の開拓より既存のお客様のところに行く回数が増えてきた。訪問して何を売るというわけではないけれど、雑談をしたり世間話をする。もともと営業のくせに売り込みは得意じゃないから、お客様のグチを聞いたりすることが増えてきた。

内容もさまざまで、お客様が所属している業界の不満や他社の営業マンに対する文句、ひどいときには自分の上司へのグチをこぼし始める人もいた。さすがに自分の奥さんへの不満を言われたときには苦笑いを返すことしかできなかった。

ある晴れた日の午後、僕の担当顧客への訪問を予定していたけれど、美香さんも同行してくれることになった。同行するだなんて珍しいことだから、少し驚いた。先日の「**後輩の現場に足を運べ**」という取締役の言葉を気にしているのだろうか。本人には聞けないけれど、僕にはそんな気がしていた。

お客様との打ち合わせでは、いつものように「最近どうですか？」なんて話をしながら談笑をした。すると、他社のサーバー製品の話に及んだ。

「この間、サーバーの前面に『エラー』って英語の表示が出てさ、ビックリしたんだよ。小さいランプも点滅してるし」

「ああ、それはハード障害ですね」。美香さんが返答する。

「そう、絶対何か壊れたと思って電話したの。あのサーバーはスピードコンピュータだったかな」。ああ、うちの競合企業だ。

「そうしたら、エンジニアが来たの二日後だよ」

「え⁉ 遅い！」。美香さんが驚いて声を出す。確かに二日後じゃ遅い。

「遅いよねぇ。その間ずっとエラー表示が出て点滅してんの。どこが『スピード』だっての、まいっちゃうよね」

「弊社でしたら三時間以内に駆けつけますけどね」。僕が横から口を挟んだ。

「え、そんなに速いの?」。お客様が目を丸くしてこっちを見てくる。美香さんは身を乗り出して口を開く。

「ええ、全国に支店がありまして、そこのサービスエンジニアが駆けつけるような体制が整ってます」

「なんだ、じゃあキングコンピュータさんに変えたほうが良さそうだよなぁ」

「ぜひぜひ」。美香さんは、笑顔で答えた。


談笑を終えてから帰社する途中、電車に乗り込み美香さんと並んで座った。

「最近、お客様のグチを聞くケースが多いですよね」

「お客さんも話し相手がほしいのよきっと。それにしてもスピードコンピュータの顧客対応が遅いだなんて、笑っちゃう話よね」

「そうですね」。そう言って笑おうとしたけれど、思わずハッとした。

「美香さん、この間の『床にはお金が落ちている』って、こういうことじゃないですかね?」

「どういうことよ？」

「現場にはいろんなニーズが落ちている、みたいな。それを拾うと……」

「お金に変わる、ってこと？」

「ええ」僕はうなずいた。

「……どんくさい翔太にしては、なかなか鋭いこと言うわね」

美香さんはそう言って口角を上げた。そして、お客さんの会社の方角を指さして続けてくる。

「じゃあ、今日のお客さんの話に置き換えるとどういうこと？」

「うちのアフターサポートが他社より対応が速いっていうのは、営業のときに謳ってないですよね。だからお客さんもビックリしてましたし。これ、もっと前面に打ち出したほうがいいってことじゃないですかね」

「……まあ、確かに、そうかもね」

それから三日がたった金曜日。僕と美香さんのアイデアは、形になっていた。

「何かトラブルがあった場合でも迅速に現場に駆けつける」ということを明示したチラシを作ってもらうことになったのだ。

そのチラシが後に、売り上げに大きくつながっていくことになるとは、僕も美香さんも思ってもいなかった。

18 物に聞け

「いらっしゃいませ」

僕の鼻孔にコーヒーの香りが突き刺さってくる。カフェ「ナレッジ」に足を運んだものの、今日は友樹ちゃんがいなかった。重い足取りでいつもの席につく。首を伸ばして辺りを見回しても、やっぱり今日はいないみたいだ。

「なんだ。この店、もう来るのやめちゃおうかな」。僕はため息交じりにつぶやいた。

束の間の休憩を終えてからオフィスに戻ると、美香さんがまたイライラしている様子だった。後輩に何があったのか聞いてみると、さっきまで町田部長に呼び出されていたらしい。営業成績のこともあってか、最近呼び出されることが増えてきたみたいだ。リーダーというのは本当に大変だ。

上着を持って立ち上がった美香さんが突然、「翔太、出かけるから準備！」と言って出口に向かった。

「は、はい」。僕は慌てて準備をしてからついていく。

向かったのは得意客の一社で、老舗の不動産会社だった。やはり最近の新規発注が減ってきているらしい。行く途中の電車の中で美香さんが悔しそうに説明してくれた。

訪問すると、恰幅のいい女性が対応してくれた。受付横にある商談スペースに案内される。

「うちは見ての通り小さな会社で、情報システム部門とかないんですよね」

この女性は総務担当で、システム関連も兼任しているという。

美香さんがその女性に質問を投げかける。「最近、サーバーの新規導入とかはどうされていますか？」

女性は首を傾げながら答えてくる。「いやぁ、なんか現場のみんなが『この会社のサーバーがいい』って選んでくるんですよね。私も細かいことはよくわかんないから任せっきりで」。女性は言ってから苦笑いをした。

「そうですか……」

会社へ戻る道中、駅のホームで美香さんがぼやいた。

「あの人に決定権がないんじゃ、しょうがないわよね」

「確かに」。もう打つ手はないのか……。他社のサーバーに切り替えられるのを指をくわえて見過ごすしかないのだろうか。

「なによ、現場に来たからって結局わからないこともあるじゃない」

美香さんは、そう口走りながらホームにやってきた電車に乗り込んでいく。僕もその後に続いて、少し混雑している電車に乗り込んだ。

網棚に鞄を置いて、ふと気づいた。

「そうだ。あのノート、見てみましょうか」

「はいはい、勝手にどうぞ」

あまり乗り気ではない美香さんをよそに、僕は鞄から取り出した三現主義ノートをめくっていった。すると「現物」と書かれたページの隣に、「**物に聞け**」と書いてある。

「……『物に聞け』、だそうですが」

「はあ？　わからないことは俺に聞け、じゃなくて物に聞けってこと？　これ、私たちのことをバカ扱いしてるんじゃないの？」

得意客が他に移ってしまいそうという状況も相まってか、美香さんは苛立ちを隠せない。

「物に聞け、かぁ……」

僕は目の前を流れる景色を見つめながら、しばらく考えた。

物っていうと……今回の場合、やっぱりサーバーが該当するはずだ。サーバーを見ることで何かがわかる、ということなんじゃないだろうか。僕は思わず口を開く。

「美香さん、もう一度行って、うちが納めているサーバーを見たほうがいいんじゃないでしょうか」

「面倒くさいわねぇ。もう現場には行ったじゃない。行って『わからない』ってことがわかったんでしょ」

「でも、この『物に聞け』ってのがどうにも気になるんですよねぇ……」

翌日の午後。僕は総務担当の女性にお願いして再び不動産会社にお邪魔することにした。美香さんに声をかけても渋るだろうから、内緒での訪問だ。

総務の女性は「昨日の今日」でさすがに驚いていたけれど、自社のサーバーの状態を確認したいと伝えると快くサーバールームに通してくれた。

「物に聞けっていうぐらいだから、サーバーを見てみないとな」

改めてそうつぶやきながら、サーバールームに入っていく。

サーバールームには、キングコンピュータのサーバーを含めさまざまな会社のサーバーが整然と並んでいる。その空間ではただずっと、機械音が鳴り響いているだけだった。キングコンピュータのサーバーをぐるりと見回してみるものの、特に異常は見あたらない。仕方なく、しばらくじっと見てみることにした。

時折、作業のために入ってくる社員さんに「こんにちは、お邪魔してます」などと会釈をしながら、とにかくじっとサーバーの様子を見続けた。

サーバールームには窓もないので、どの程度の時間が経過したのかがわかりにくい。チラリと腕時計を見ると、すでに入室してから三時間がたっていた。もう夕方になるのか。

そのときだった。サーバーから何やら少し高い音が聞こえてくる気がした。

「あれ？　なんか音が変わった？」

サーバーに近づくと、確かに「キーン」という高い音がしている。そして、徐々に大きくもなっている。すると、通りかかった社員の男性が少し目を細めて嫌そうな顔をした。

僕は思わず声をかける。

「すみません、この高い音っていつも出ているんですか？」

「ああ、たまに出てますね。僕もそうですけど、みんな結構『この音が気になる』って言ってるんですよ。これ、何の音ですか?」

逆に質問を返されてしまうが、僕は返答に困ってしまった。

「いえ、ちょっと原因は調べてみないと……」

「まあ普通に問題なく動いているからいいですけども。なんか嫌ですよね、こういうの」

そう言って男性は立ち去ってしまった。

「この音が気になる、か」

確かに、心地の良い音ではない。ただ、何か障害が発生しているわけでもない。

「そうか」。僕は思わず口にした。

新しいサーバーを買おうとする場合、「なんか嫌だから」という理由で別の会社が選ばれてしまっているんじゃないだろうか。

僕はスマートフォンを取り出してこの音を一分ほど録音しておいた。しばらくすると音が止んだので、本当に気まぐれで出る音のようだった。

翌朝、美香さんに事情を説明した。

「またあの会社に行ったの?」と少し嫌な顔をされたものの、音のことを話すと「どういうこと?」と食いついてきた。

「ええ、キーンって高い音がサーバーから出ていて、気になるって人も何人かいるみたいなんです」

音を録音したことを話すと、美香さんは下のフロアに内線をかけて、運用チームの座間さんを呼びつけた。少したってからのそのそと座間さんがやってくる。そろったところで録音した音を聞いてもらうことにした。

スマホからの音を聞きながら、座間さんがボソッとこぼす。

「これは、ファンだな。冷却用のファンの音だ。リコールというほどじゃないけど、この機種の特性でたまに出てしまうというのは聞いたことがある。軸がブレてるんだろう。交換すればすぐに対応できる」

「すぐ直るの?」。美香さんが聞く。

「ああ、すぐだ」。座間さんのあっけない返答に、僕は思わず口からグチがこぼれ落ちる。

「……すぐ直るのに、サーバーごと買い換えられちゃっていたわけですね、僕ら」

「そんなことが理由で別の会社にされちゃうわけ? やってられないわよねホント」

美香さんが言いながら天を仰いだ。

確かに美香さんが言う通り、「そんなこと」だ。でも、お客さんを責めることはできないと思った。僕だって友樹ちゃんがいるかいないかでカフェを決めているし、消費者の心理ってのは結局その程度のものなのかもしれない。そこに耳を傾けているかどうかがものすごく大事ってことなんだろう。

まさに「物に聞け」だ。あまりにも短いこの言葉を痛感した。現場に行くだけではダメで、さらに物を見なければわからないこともある、ということか。

老舗の不動産会社にはすぐ連絡して、無償でファンの交換をする旨を伝えた。

19 現実から離れないためにも、数字から目を離すな

徐々にではあるけれど、現場に足を運ぶ機会が増えてきた。それと比例しているのか、チーム全体も活気づいてきたような気がする。チームのみんなに笑顔が増え、一人ひとりの声も大きくなってきている。

「行ってまいります」「お、行ってらっしゃい!」

後輩が営業に行くのを見送ると、目の前にいた美香さんから話しかけられた。

「うちのチーム、最近やけに忙しくなってきたわね」

「そうですね」。美香さんは何だか満足そうだ。僕はいい機会だと思って切り出した。

「美香さん、最近チームの雰囲気もいいですし、たまにはみんなでご飯でも行きましょうよ」

すると、両手を体の前で振りながら「私はいいわ、アンタたちで行ってきたら?」と返してきた。

この人は昔からいつもそうだ。人と群れないというか、一匹狼というか。まあ性格も狼みたいなものだけど、みんなからの誘いに乗った試しがない。

仕方なくこの日の夜は、後輩やチームの同僚を誘ってご飯を食べに行くことにした。

お酒が入り始めると、チームメンバーや後輩たちが僕を持ち上げてきた。

「この間のトラブルを解決したときって、大野さん主導で取り組んでたんですよね」

「ああ、あの緊急対策のときね」。僕はビールを片手に答える。

「へー、知らなかった。スゲー」

「稟議書とかのツール作って展開してたのも大野さんですよね」

「翔太くん、なんか変わったよね」

「このまま行けば翔太さんリーダーっすよ」

「よっ、翔太リーダー」

みんなで寄ってたかって持ち上げてくるものだから、僕はすっかりいい気分になってしまってグイグイとビールを空けてしまった。

「いやぁ、そんな」

僕がリーダーか、悪くない響きだ。


少し飲み過ぎてしまったせいか、帰りの電車では座りたくてしょうがなかった。フラフラと車内を歩き回り、空いている席を探し出してようやく座る。足元にバッグを置いたところ、ノートがポロリと床に飛び出てしまった。三現主義ノートだ。

拾い上げると、「現実」という文字が目に飛び込んできた。ゆっくりとめくっていくと、こんな言葉が書いてある。

「現実から離れないためにも、数字から目を離すな」

僕はなぜだか急に、酔いが醒めてしまった。

＊

営業職にとって雨は天敵だ。外で動き回る気力を根こそぎ削がれてしまう。そろそろ梅雨も終わってほしいころだけど、まだ雨は止んでくれなかった。

「今日も雨とか嫌になるわね」

出社早々こぼす美香さんに、僕は話しかけた。

「美香さん、おはようございます。例のノート、昨日めくってみたんですけど」

「で、なんて？」。聞き返しては来るものの、視線はこっちによこさなかった。

「『数字から目を離すな』って書いてあったんですよ。何か当てはまりますかね？」

美香さんの眉間に、瞬時に皺がつくられた。

「何よそれ。この間は『データは後だ』とか言ってたじゃない。もうそのノート関係ないわよ。今うちのチーム調子いいんだし」

僕は手元のノートの文字をまじまじと眺めながら考え込む。

「うーん、データは後だけれども大事にすべきってことですかねぇ」

「なんか都合のいい解釈ね、それ」

言いながら美香さんはふんぞり返るような姿勢で、椅子の背もたれに体を預けた。

「いずれにしても、ちょっと現状の数字を確認する場を設けたいんですが」

僕がそう言うと、「は？」と美香さんが立ち上がった。

ため息を一つついてから、ポツリと言う。

「なんか、翔太って『どんくさい』だけじゃなくて『面倒くさい』奴になってきたわね。まったく」

相変わらず鋭利な言葉を浴びせられたけれども、説得してチームのみんなを会議室に集めてもらうことになった。

会議では、数字を中心に情報を共有してもらった。

「チーム全体の売り上げは上がってます。こちらの図の通りです」

数字の管理を担当している後輩が、グラフをスクリーンに表示する。

「ほら、調子いいって言ってるじゃない」。美香さんが口を尖らせながら僕に言ってくる。

「続けて」。僕は後輩に促した。後輩は口を開く。

「次に、商品別の売り上げがこちらの図です」

スクリーンに表示されたグラフと数字を見て、美香さんの動きが止まる。

「ちょっと待ってよ。これって何?」

右肩上がりに伸びるグラフの中で、緩やかに下降する赤い曲線と数字を指さした。

「これは……、『マジェスタ』ですね」

「はぁ？　マジェスタって、まだ去年出たばっかりの新しいサーバーじゃない。なんで頭打ちになってるのよ。もっと売れてるはずじゃないの？」

美香さんの言葉が、全員の思いを代弁していた。美香さんが「はず」と言っている通り、うちの会社の通例から言えば新製品が全体の売り上げを牽引する「はず」だった。

僕はグラフを前にして、腕を組み直した。何となくチームの雰囲気でぼやけていたけれど、これが「現実」ってことなのか。これが「数字から目を離すな」という言葉の真意なのか。

僕は、美香さんに向かって「マジェスタ、もっと売っていかないとダメですね」と口走った。すると、「そうそう、もっと売ればうちの売り上げももっと上がるってことよね」と簡単な口調で返してくる。珍しく前向きな発言が出たせいか、チームのみんなも呆気に取られていた。

確かに、伸びていないのであれば伸ばせばいい。まだ伸びしろはある、ということなのかもしれない。

しかし、話はそう簡単なものではなかった。

20 売れに合わせて売れるものだけをつくれ

ミーティングが終わってから、みんなが会議室を出ていく。

美香さんも出ようとしたところで、僕は声をかけた。

「美香さん、すみません」

「なによ」。美香さんが眉をひそめる。

「このノートの『現実』のページ、まだ続きがありました」

言った途端、美香さんが目を見開いてきた。

「ホントどんくさいわね。……なによ、なんて書いてあるのよ」

僕はノートに目を移し、文字を追った。

「**『売れに合わせて売れるものだけをつくれ**』って」

美香さんの目が点になる。「……何それ、なんか当たり前のこと書いてない？」

「売れに合わせて売れるものだけ……まあ、そうかもしれないですね」

「それに、つくれったって私たちは営業なんだし、さすがに今回は関係ないでしょ」

吐き捨てるように言ってから、美香さんは靴の音を鳴らしながら会議室を出て行ってしまった。

一人残された僕は、会議室で考えた。

「売れるものだけをつくれ……」

売れる商品をちゃんとつくりなさい、ということなんだろうか。だとすると美香さんの言う通り開発チームが気にしなければいけないことだから我々には関係ない。開発チームにこの内容を伝えるべきなのだろうか？

いや、「売れに合わせて」と書いてあるから、今売れているものを売り伸ばせということなんじゃないだろうか？　僕は、思考が混乱してしまい、しばらく会議室から出ることができなかった。

翌朝、出社してきた美香さんに声をかけた。

「おはようございます。昨日話していたノートの言葉なんですけど」

「何よ朝から。ああ、『売れるものつくれ』とかいう例の言葉ね」。上着を脱ぎながら美香さんが言ってくる。

「いえ、『売れに合わせて売れるものだけを作れ』ですけど、これってマジェスタを売るなってことじゃないかと思いまして」

上着をハンガーに掛けようとする美香さんの手が止まる。

「は？　新製品なのに販促しないでどうするのよ。それはダメでしょう」

眉間に皺を寄せながら強い口調で言ってくるものの、僕は聞く耳を持たなかった。

「今日、僕ちょっとマジェスタを購入されたお客様のところに行ってきます」

「行ってどうするのよ」

僕は、美香さんの目を見ながら「とにかく話を聞いてみようと思います」と答えた。

「はいはい、現場現場。ベテランの翔太刑事は熱心ですね、まったく」

美香さんは呆れ顔で言葉を漏らした。

僕には「現場」に何かがある気がしてならなかった。

事務作業を終えて、午後になってからオフィスを出た。駅に向かう道を歩いていると、後ろからヒールが地面を叩く音がする。振り返ると、美香さんがついてきていた。

「あれ、美香さん」

「時間がちょうど空いたし、私も行ってあげるわよ、仕方ないから」

僕は、お礼を言ってから顧客リストを美香さんに渡した。

何件訪問しただろうか。マジェスタを購入していただいたお客様のもとを訪れ、「購入後アンケート」と称してさまざまな話を聞いて回った。それだけでは飽きたらず、別のサーバーを購入いただいているお客様にも「マジェスタ」についての感想を求めて歩き回った。そして、その話の内容は僕たちにとってものすごく重要であるということは間違いないように思えた。

*

それから二日後、僕たちは開発部との定例ミーティングの場に出席していた。いつも通りのお役所的な報告が展開されるなか、終盤に差しかかって美香さんが手をあげた。

「すみません、お客様に話を聞いてきましたので、ちょっと報告させてください」

「どうした海老名、報告してみなさい」。町田部長が少し驚きながら言う。

「新しく発売された我々のサーバー『マジェスタ』について、購入されたお客様および潜在顧客のみなさんにお話を伺ってきました。そうしたところ、次のような声がありました」

会議室がピンと張りつめた空気になった。美香さんは一気に資料を読み上げる。

「機能が多すぎてよくわからない。使いこなせていない。拡張性とかはそんなに必要ない。中途半端で良さがわかりにくい。急激なアクセス増加にも耐えうる耐久性がほしい」

少しの静寂の後、慌てた様子の開発部の部長が声を上げた。

「そ、そんな、多機能化を図るというのは経営会議でも決まったからつくったというのに」

「でもこれがお客様の声です」。美香さんが冷たい声で返す。

町田部長は腕を組み直し、眉間に皺を寄せた。

開発部の部長は、下を向いたまま動かなくなってしまった。

しばらくの静寂が続いた後、開発部の部長が声を発する。

「町田部長、私はどうしたら」

「いやぁ、新製品ですからね……。そんな簡単に製造をやめてくださいとも私の口からは……」。町田部長が言葉を止めたそのとき、低い声が会議室に響いた。

「販売中止にすべきだな」。入り口には見慣れたジャンパーの影が見えた。

「金城取締役！」。二人の部長が声を合わせた。

「出張が終わって帰ってきたよ」。取締役は会議室に入るなり、隅にあった椅子に座り込んだ。

「私も出張のついでに、お客様先を訪問してみたんだ。そうしたところ、マジェスタについては同じような感想を聞いたよ」

開発部の部長が口を開けたまま目を丸くする。取締役は続けた。

「そして確信したんだ。これは残念ながら売れない商品だから、販売を中止すべきだとね」

開発部の部長は立ち上がって反論しようとする。

「しかし取締役、中止ではなく停止ではいかがでしょうか。時期を見てまた売り出すという……」

金城取締役は、右手を広げて前につきだした。「ダメだ。売れないモノを売れると思って作ったり、いつか売れるからと言って在庫にしておくのはムダの最たるものだ。**売れるモノを売るべきだ。受け身がうまくなってはいけない**」

「受け身……」。町田部長が思わず口にする。

「そうだ。決められたではなく決めた。止まったではなく止めた。『売れた』ではなく『**売った**』でなければいけないんだ」

開発部の部長は机に両手を突き、床を見つめたまま動かなくなった。

翌日、マジェスタの販売中止が役員会で決定した。

21 離れ小島をつくるな

販売中止が決まった日の夜、またチームのみんなと飲みに行った。

美香さんにも声をかけたけれど、やっぱり参加しなかった。「みなさんでどうぞ」と冷たい返事をしてくるだけだった。

美香さんがいないのをいいことに、みんなは美香さんの話をはじめた。

「海老名さんって、なんでいつも来ないいんだろうね」

「さあ、夜遊びでもしてるんじゃない?」

「何かさ、高飛車だよね、美香さんて」

僕は何だか、嫌な気分になってきて「胃が痛くなってきた」と伝えて途中で帰らせてもらうことにした。

翌日、朝から金城取締役に呼び出された。呼ばれたのは僕と美香さんの二人だ。

「私がいない一カ月、どうだったんだ。売り上げ数字は少し伸びているみたいだけど、三現主義のノートは少しは役に立ったのかな?」

「おかげさまで、不思議と要所要所で役に立ちました」。僕は答えた。

「海老名くんはどうだ?」取締役が美香さんに振った。

「現場が大事だと言うことはわかりました。ありがとうございます」

僕は思わず固まった。美香さんがお客様以外で素直にお礼を言うなんて初めて見たからだ。驚く僕をよそに、美香さんは続ける。

「ただ、売り上げ数字が伸びているのはノートとは関係ありません。チームのみんなが頑張っているからだと思います」

金城取締役はフッと笑みを浮かべてから顎髭を撫でた。ゆっくりと口を開く。

「そうは言うけど海老名くん、その『チーム』の状態が良くないように見受けられるんだが」

美香さんのこめかみがピクンと動いた。

「は? チームのことでとやかく言われるのは心外です。みんな忙しく頑張ってくれていますし、翔太だってちゃんと付いてきてくれてます」

「チームが忙しいことと調子がいいことは違うぞ。それに、翔太くんは付いてきていると思うか?」

その場で僕の話が出てきて、僕は目のやり場に困ってしまった。でも、あまり人と関わろうとしないのが美香さんだ。僕だけじゃなく、そんな態度に疑問を感じる同僚も多いはずだ。

「だったら何だっていうんですか？　結果を出していればいいと思いますが」

だんだん美香さんがヤケになってきているのを語気から感じ始めた。

取締役は、じっと美香さんの目を見てから言葉を発する。

「離れ小島をつくるんじゃない」

「離れ小島？」。美香さんが繰り返す。取締役は僕の方に視線を合わせてきた。

「翔太くん、どういうことかわかるか？」

突然振られて、僕は焦った。離れ小島ってなんだろう。チームの状態のことを指しているのか。チームの一人ひとりが島だとしたら、つながっていない、離れている島だということか。でも、それがチームにどう影響するというのだろうか。

僕が口を開こうとする前に、取締役は話し始めてしまった。

「海老名くんからすると、チームのみんなが離れ小島になっていないだろうか？　一つの大きな島ではなく、点々と存在する距離の離れた島だ。**距離の遠さは心の遠さに変わりやすい**。組織の距離感をなくす必要があるかもしれない。**アイデアやコミュニケーションが**

冷めない距離を保ってみてはどうだろうか」

僕は大きくうなずいた。距離の遠さは心の遠さ、か。確かにそうかもしれない。だだっ広い場所にぽつんぽつんと人がいたら効率は悪そうだ。

「組織には、物理的な距離だけでなく心の壁や部署間の落差なども存在している。それを意識するのもリーダーの役割だ。個々で競いつつも、全体が豊かになる考え方が必要なんだよ。全体の競争力も高めていかなければ、お客様の支持は得られ」

「わかりました」

美香さんが突然、声を発した。取締役がまだ話し途中だというのに、遮るように返事をした美香さんは、会釈をしてから会議室を出て行ってしまった。

美香さんの行動に呆気に取られていると、金城取締役がぼそりとつぶやいた。

「……やれやれ。彼女はまだリーダーの器ではないかもしれないな」

POINT解説

現場思考

「三現主義」という言葉に代表されるように、トヨタはとにかく「現場」を重視しています。それは、毎日現場にいた私にとってヒシヒシと肌で感じることの一つでした。店舗のマネージャーや店長はもちろん、地区を担当する責任者や役員など、毎日のように誰かしらが現場に顔を出すのです。そして、手が空いているときに話しかけてきます。特にリコールなどの問題が起きたり、作業中の事故などが起きてしまったときにそれは顕著でした。

では、なぜトヨタの人たちはわざわざ現場へ赴き、話を聞きたがるのでしょうか。それは、例えば問題が起きた場合であっても原因が異なっていたり、複数の要因が複雑に絡みあっているからだと思います。原因が違えば問題の大きさや影響範囲、影響度も変わるため、当然ながら対処の仕方も異なってきます。

もし実際の原因とは別の原因を特定してしまうと、ムダな時間とお金を費やして的外れな解決策を講じることにもなりかねません。現場に行って現物や現実を見ずに机上で問題を見極め、推測で判断を下そうとすると、どうしてもリスクがともなうことを知っているからだと思います。

一般の企業であっても、例えば製品トラブルに関するお客様からの問い合わせに対し、よくある問い合わせだからと安易にマニュアルどおりの回答をしてしまうと、後日「まったく解決しないじゃないか！」とお叱りのクレームが来てしまうというケースがあります。

明らかに解決策が一つしかないような場合はさておき、有効な解決策を導き出せるかどうかは、**問題をどれだけ正確に把握できるか**にかかっています。だからこそ、現場を重要にする必要があるのです。

日本の現場力は、現場における人間の創意工夫や問題解決力そのものです。

しかし、安易なＩＴの導入が現場にいるべき人間を現場から遠ざけ、考える力を奪っているように思えます。さらに、経営者に対しても「現場から離れていてもデータで判断できる」とＩＴはいいます。

けれど、データだけで未来が見えるはずがありません。データは過去であり、**「今」を知るにはやはり現場に足を運ぶしかないのです**。現状のトヨタでも、もちろんＩＴは導入されていますが、やはり現場を最重要視しています。

ただし、いくら「三現主義」と言っても常に現場を駆けずりまわっているばかりではよくありません。それこそ効率が悪く時間をムダにしてしまいます。「改善」でもお伝えしたように、汗を流すことが仕事ではなく、付加価値をどれだけ高めたかで仕事の成果を計測しなくてはいけません。現場を中心に考える際、トヨタで言われているのは、**「仮説を立てた上で現場で検証しろ」**ということです。

もちろん、とにかく現場に行くという姿勢も時には大切なのですが、費用と時間がかかることですので、できることは事前に準備しておくべきなのです。

現場の「現」という文字の意味は、「玉が見える」ことを表すと言われています。特に「見える」の意味を表すために「現」の文字がつくられたそうです。これは、現場を重視することで「見える」ものがある、ということを物語っているのではないでしょうか。

問題を見極める三現主義

1 現地（に行く）
2 現物（を見る）
3 現実（を知る）

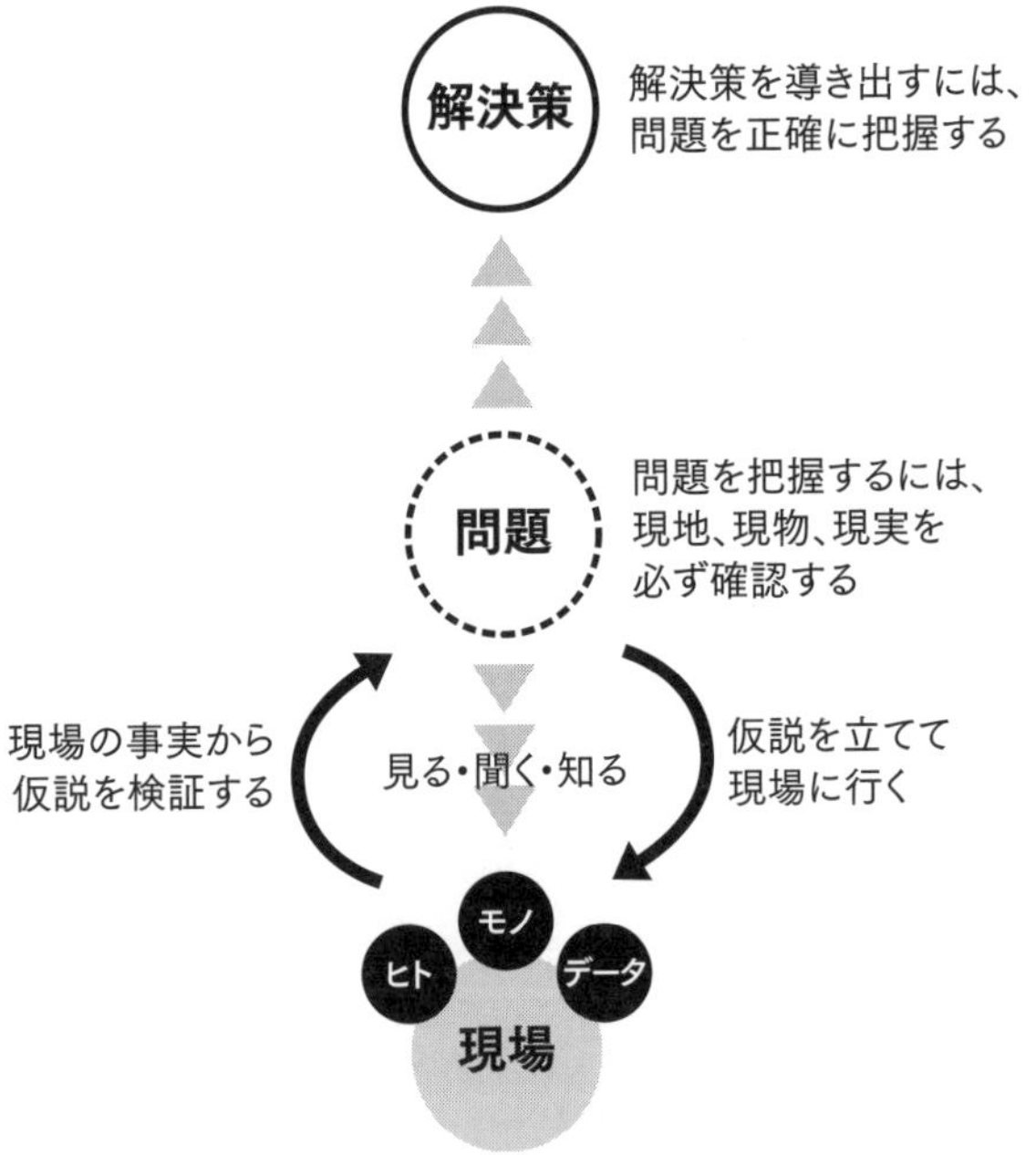
解決策
解決策を導き出すには、
問題を正確に把握する
問題
問題を把握するには、
現地、現物、現実を
必ず確認する
現場の事実から
仮説を検証する
見る・聞く・知る
仮説を立てて
現場に行く
モノ
ヒト
データ
現場

第4章

本質をどう見抜くのか？

真因思考

常識や偏見にとらわれず、頭を白紙にしてゼロベースで考えるには、どうすればいいのか？

POINT

成功も失敗も
必ずプロセスを明確にする

自分の頭で考えるヒント

1 ▶ 「不運」は思考停止ワードである

2 ▶ 自分事にしないと
問題は見つからない

3 ▶ 事実をありのままに
頭を白紙にして見る

22 言い訳をする頭で実行することを考えろ

煩わしい梅雨の時期も過ぎて、蒸し暑い日が続くようになっていた。常にサウナにいるような湿度の高さが本当に嫌になってくる。

あれから一週間、美香さんは体調不良で休みがちになってしまった。この蒸し暑さがこたえたのではなく、取締役からの指摘がこたえたのかもしれない。「どんくさい」僕でも、そのぐらいのことは何となく察することができた。

営業部では、今月からサーバーの販促キャンペーンを進めることになっていた。キャンペーンの内容は、サーバーのお買い上げ台数に応じてサーバーラックをプレゼントする、というものだ。

サーバーラックというのはサーバーを格納する棚だ。サーバーを置く場所というのは企業にとって頭の痛い問題だったりする。デスクトップパソコンのように机の上に置けないし、温度も重要だからだ。サーバーラックという専用の棚に置くことで、省スペースで通気性も良く管理もしやすくなる。さらに我々の狙いとして、棚をプレゼントすることで、今後サーバーを増設してもらいやすくなるということも考えている。コンビニにおけるカゴのようなものだ。

そんな販促キャンペーンだけれども、始まってから一週間、僕はまだ一台も売っていない。営業会議でその事実を突きつけられて愕然とした。まだ売っていないのは僕一人だけだった。

生田はすでに一二台も売っている、らしい。悔しすぎてちゃんと聞くことができなかった。

会議が終わってからまっすぐトイレに駆け込んだ僕は、頭をかきむしった。

「まずいぞ。売らないとまずいぞ」

お経のようにブツブツと繰り返す。売れていない原因はわかっている。営業活動に時間が使えていないからなんだ。

「……でも、美香さんが休みがちだから事務作業が僕に回ってきてしまっている。これをどうしたものか……」。舌打ちを一つ打ってから、ドアを開けた。

洗面台の前に立つと、隣に生田がいることに気がついた。

「ああ、翔太。お疲れさま」。生田が声をかけてくる。

「おお、お疲れ」。僕はぎこちなく返答する。お疲れとは言ったものの、生田の顔は全然疲れていない。爽やかな笑顔を見せながら続けてきた。

「翔太、頑張ってるみたいだね。いつも本を読んだり、セミナーに参加したりしてるよね」

なんだ。生田のことをベンチマーキングしていたのに、僕の行動もバレていたというのか。僕は何だか気恥ずかしくなってきた。

「まあ、別に、そんな頑張ってるわけじゃないけどさ」

そう返すと、突然低い声で「僕も負けられないよ」と言いながら生田が僕をにらんできた。その鋭い目つきに、たちまち背筋が固まる思いがした。そして生田は、そのままトイレを出て行ってしまった。

もしかすると僕は、生田に対して大きな勘違いをしていたのかもしれない。どちらかといえば穏やかな奴だと思っていたのに、違う。アイツはものすごい闘争心を持った奴なんだ、きっと。

生田の目つきを思い出しながら、僕はそんなことを感じていた。

翌日の会議で僕は、いよいよ窮地に追い込まれてしまう。町田部長から名指しで進捗を問いただされてしまったのだ。

「おい大野、お前だけまだ売り上げが立っていないが、どうなんだ」

僕の背中を一筋の汗が伝った。町田部長から思わず目を逸らすと、今度は生田と目が合ってしまった。生田が僕の方をじっと見ている。僕は焦りながらも立ち上がった。

「はい、頑張ってはいるんですが、今週は美香さんが、いえ海老名さんがお休みでしたので業務負荷が高く、あの……」。僕は苦しまぎれに答えていった。

すると、会議室の隅に座っていた金城取締役が低い声で「次の議題に進めて」と町田部長に指示を出した。取締役の渋い顔を見ながら、僕はただ静かに座るだけだった。

あの様子じゃ、きっと僕の答え方に不満を持っているのかもしれない。


会議が終わってからうなだれつつ自分の席に戻ると、僕の机の上に二つ折りにした紙が置かれていた。

嫌な予感を抱きつつも、開いて読み上げる。


「翔太くん、**言い訳をする頭で実行することを考えろ**。金城」

取締役からだ。やはり、美香さんが休んでいることを言い訳にしたのを、指摘されてしまった。でも、それだけじゃない。「実行することを考えろ」か。

僕は椅子に座り込んで思考を巡らせた。売れない言い訳を必死に考えるヒマがあったら、どうすれば売れるかを考えろってことを言っているんだろう。

ふと、自分のこれまでの言動を振り返った。

確かにそうかもしれない。僕はいつも言い訳が先行してしまっていた。何をするにもそうだ。そうやって自分を守ろうとしているだけなんじゃないだろうか。先に言い訳をすることで、自分が傷つかないようにしているだけなんだ。

本当に考えるべきは、「何をするか」ということか。

窓の外に目をやると、ビルの屋上から飛び立つ一羽の鳥が見えた。

23 「不運」で反省を打ち切るな

僕は、心を入れ替えて販促キャンペーンに真正面から取り組むことにした。

美香さんは会社に来るようになったものの、忙しいことには変わりなかった。でも、売れていない言い訳が浮かびそうになったら目をつむって首を左右に振った。どうやって売ったらいいかを考えるようにしよう。そう思うようにした。

まず僕は、商談の際にサーバーだけじゃなくラックがあることによる利便性もきちんと伝えるようにした。そして、そのラックが「今サーバーを買うと無料で付いてくる」ということを最後に必ず伝えた。伝えるだけでそう簡単には売れるはずもないとは思っていたけれど、言い続けることで徐々に反応が変わっていくのを感じた。そして、五日も続けた辺りで小さなコンサルティング会社から何とか三台の注文をいただくことができたのだ。やっぱり実行すればできるじゃないか。これで安心して会議にも出ることができる。とは言ってもスタートラインに並んだようなものだ。これからさらに売っていかなきゃいけない。

そう思っていた矢先だった。

注文をくださったコンサルティング会社から連絡があり、やっぱりキャンセルしたいのだという。

僕は、驚きながら電話で聞き返した。

「なぜキャンセルなんですか？」

「すみません、弊社の予算の都合で……」

「三台ともですか?」。受話器を強く握りながら返す。

「はい、本当にすみません」

僕はガックリと肩を落とした。本当に地面に落としてしまう気すらした。

「……では、またよろしくお願いします」

それ以上何も言うことができず、ただ電話を切るだけだった。たちまち会議に出るのも憂鬱になってきてしまう。


案の定、定例の営業会議では町田部長に再び問いただされることになった。

「おい大野、相変わらずお前だけまだ売り上げが立っていないが、どうなってるんだ」

僕はすぐに立ちあがった。隅に座って腕を組んでいる金城取締役と目が合ってしまったので前に向き直り、口を開く。

「はい。もう言い訳はしませんが、注文は取れていました。取った矢先にお客様の都合でキャンセルとなりましたので、今回は運が悪かったとしか言いようがありません」

僕は淀みなく答えた。これは言い訳じゃない。仕方なかったんだ。しかし、取締役の声が容赦なく突き刺さってくる。

「本当にそうだろうか?」

「……と、いいますと？」

「『運が悪かったとしか言いようがない』などと、なぜ断定できるんだ？」

「しかし……」。僕は、思わず言い訳が出そうになる口を、手でふさいだ。

取締役は顎髭を撫で、ニコリとしてから言ってきた。

「**不運で反省を打ち切るんじゃないよ**、翔太くん」

取締役は立ち上がって会議室を見渡した。

「これは、翔太くんに限らない。誰しもが陥りがちな話だ。『運が悪かった』ですべてをすませてしまうか、それとも『なぜダメだったのか』ときちんと総括して改善を図ろうとするのとでは、これから先に大きな差がついてくるはずだ。運が良かったとか運が悪かったとか、そんなぼんやりした言葉は使わないほうがいい」

僕は、「すみません」と言ってから、席に着いた。

会議が終わってからも一人で残って座ったまま考えた。頭の中を取締役の言葉がぐるぐると回っていた。

確かに、「運が悪かった」ですませてしまうことはよくある。言えば自分の責任を逃れられる気がするし、気持ちもラクになるからだ。でも、取締役の言う通り、状況が改善されることはないだろう。

ただ、「お客様の予算の都合」ということの状況において「なぜダメだったのか」という本当の原因のようなものはあるのだろうか。

「よし」

僕は、意を決して声を出した。注文がキャンセルになった会社を訪問してみることにしよう。キャンセルの理由を明らかにするんだ。

*

アポを取らずに訪問してみたものの、たまたま担当者は在席しており、対応してくれることになった。男性の担当者が気まずそうな顔をしながら出てくる。

「キャンセルの件、本当にすみません」。僕の顔を見るなり頭を下げてきた。

「いえ、大丈夫ですよ」。僕はかぶりを振りながら返す。

商談スペースに通されたので、案内されるままに座りながら、すぐに口を開いた。

「予算の都合でキャンセルということですが、具体的にどういうことなのかをお伺いしたくてですね。弊社商品の価格が高すぎたということでしょうか？」

しばらくの沈黙があってから、男性担当者は「……ええ、実は、他の会社さんに注文することになりまして」と口ごもった。

「それは……、どこですか？」

「……スピードコンピュータ社です」。出たな。僕は心の中でつぶやいた。

「なぜ、スピードコンピュータ社を選ばれたんでしょうか？　ぜひ教えてください」

僕は少し前傾姿勢になった。男性担当者が天井を見つめながらゆっくり話し始める。

「あの……あちらもキャンペーンをやっていまして、その内容が魅力的だったんですよね」

僕はさらに前のめりになりながら「ええ」と相づちを打つ。

「御社みたいにラックがついてくるだけじゃなく、データ移行のサポートなんかもついていて。データ移行も面倒だなと思っていたので……」

「なるほど、そうでしたか。教えていただいてありがとうございます」

僕は笑顔でお辞儀をした。ここまで聞ければ十分だ。そうか、うちはキャンペーン内容で負けていたんだ。

帰路につきながら、これは違う販促アイデアを考えなきゃいけないと感じた。このままでは勝てる見込みがない。このことを営業本部のみんなにも報告しなければいけない。

どうしたら売れるかを考えなきゃいけないんだ。

僕はもう、言い訳をしている場合じゃないし、運が悪いなどと嘆いている場合でもなかった。

24 機械は壊れるのではなく、壊すことのほうが多い

ところどころ蒸し暑かった季節は終わり、本格的な暑さが到来してきてしまった。営業職はお客様先に訪問する際にジャケットが必須だからつらい。どこかのタイミングで「スーツ着用を止めませんか?」と世のサラリーマンに問いたくなるけれど、そうもいかないのだろう。僕はジャケットを片手にオフィスに帰ってきた。

「ああ、暑い暑い」

「おかえり翔太」

美香さんがニヤリとしながら話しかけてくる。美香さんがこんな顔のときは大体、悪い話があるときだ。

「翔太、暑い暑いっていうけど、もっと熱い話があるわよ」

「な、なんですか熱い話って」。僕は思わず眉をひそめる。

「さっき松本電気さんから電話があってさ」。僕の担当するお客様だ。

「サーバーが何者かにアタックされてるんだって」

「アタック?」。僕の声が、期せずして裏返る。

「ウェブサイトが改ざんされたり、メールが飛ばなかったり、動きがおかしいから調べたら、外部から不正アクセスがありそうだっていうのよ。すぐ来てほしいっていうから、運用の座間さんたちを連れてすぐ行ってきて」。美香さんがお客様のいる方角を指さして言った。

「は、はい」。僕はすぐにフロアを駆け下りて座間さんに声をかける。すでに美香さんから話は聞いていたようで、メガネくんと一緒に待機していた。

僕たちはすぐに会社を出ることにした。


松本電気さんのオフィスに着いたのは、ちょうど日差しも真上に位置するぐらいの時間帯だった。ジャケットを無理やり羽織りながら、会議室でお客様から状況をお伺いする。座間さんの受け答えを見る限り、そんなに難しい対応でもなさそうだった。

そして、サーバールームに移動して、座間さんとメガネくんに対応してもらった。作業を終えるまで二時間ほどかかっただろうか。細かいことはさすがによくわからないけれど、セキュリティホールと呼ばれる穴を埋めたり、パッチと呼ばれるプログラムを適用することで、攻撃を防ぐようにしたらしい。

作業を終えた二人に、僕は話しかけた。

「お疲れさまでした。これでもう安心、壊されることはないですね」

すると、座間さんがポツリと言葉を出した。

「**機械は壊れるのではなく、壊すことのほうが多い**」

「え？」突然の言葉に、僕は驚いた。

すると、座間さんが続ける。「前に金城取締役に言われた言葉だ」

「取締役に？　いつの間にそんなことを言われたんですか」

「運用チームの定例会議で言われた」

座間さんは前髪の向こうからチラリと僕のほうを見た。

「『壊すことのほうが多い』って、でも今回は壊されたんじゃないですか？　アタックされたって……」。言い終わる前に、座間さんが遮ってきた。

「いや、違う。**防ぐことのできる異常は徹底して未然に防げ**、という意味なんだろう。攻撃されたことじゃなく、未然に防いでいなかったことが問題なんじゃないか？」

「未然に防ぐ……それが壊すってことに言い換えられるんですか」

「ああ、会議で言われたときは俺も『当たり前のことじゃないか』と聞き流していたけれど、こういうことだったんだな」。座間さんはそう言うと、画面を見つめたまま動かなくなった。

未然に防げ、つまりは**起こりうるリスクを管理しろ**ってことなんだろうな。

こうやって失敗を一つずつ積み上げながら、可能な限り失敗のないやり方を作り上げていくことも重要なんだろうけど、やっぱり失敗を防げるに越したことはない。じゃあ、どうやって未然に防ぐことができるだろうか。

考えていると、僕の中で一つの疑問が膨らんできた。

「今日やった対策を、他のお客様先でもやってあげたらどうだろう？」

25 カタログエンジニアはいらない

ランチを適当に食べてから、カフェ「ナレッジ」に向かった。木目の大きなドアを開けて入っていくと、途端にコーヒーの香りに包み込まれていく。

「いらっしゃいませ」

残念ながら、今日も店長らしきおじさんの声しか聞こえてこない。

「最近、友樹ちゃんを見ないなぁ」。ぼやきながらいつもの席に腰掛けた。

アイスコーヒーを頼むとき、勇気を出して店長らしきおじさんに聞いてみようと試みる。

「す、すみません。友樹さんってもう辞めてしまったんでしょうか」

「あ、今日はまだ来てないです。最近、お客さんも少ないしバイトのシフトを減らしてもらってるんですよ」。おじさんは申し訳なさそうに言いながら、厨房に向かっていった。

「お客さんが少ない、か……」

確かに、暑い時期になってきたというのに席は埋まっていない。そう言えば来る途中に新しいカフェがオープンしていたけど、あれも原因の一つなのかもしれないな。

厨房からアイスコーヒーを持ってきた店長が、テーブルに置きながら言ってくる。

「友樹ちゃん、今日は夕方からのシフトでしたよ」

「ああ、そうですか」。僕は軽く会釈をした。だったら、また夜にでも来ようかな。

＊

僕の思いつきから「他のお客様にもセキュリティ対策の設定をしていこう」ということになった。知恵というのは出してみるものだ。メガネくんが設定マニュアルまで作ってくれていたのには驚いた。

僕も言い出しっぺだから現場には行かないといけない。夜には「ナレッジ」に行きたいけれど間に合うだろうか。まあ、作業内容はこの間と一緒だろうから、早く終わるだろう。そんな淡い期待を抱きつつ、また座間さんとメガネくんと三人でお客様先へ向かった。

いざ作業を始めようというときに、メガネくんが座間さんに声をかけた。

「座間さん、このマニュアルを見ながら設定していけばいいですよね？」

座間さんは画面を見ながら押し黙った。少ししてから答えてくる。

「……いや、ダメだな」

「え？」。僕とメガネくんが同時に声を出す。

「状況に合わせて変えるんだ」。座間さんはポツリと言ってきた。僕は思わず割り込んでしまう。

「いやいや、マニュアル通りにやれば問題ないんじゃないですか？」

するとメガネくんが「あ」と言ってきた。

「そうか、思い出しました。前の会議で金城取締役が『**カタログエンジニアはいらないぞ**』とかって言ってましたよね」

「カタログエンジニア？」

僕は少し高い声を出しながらも質問を続ける。「それって『カタログ通りに動くな』とかそういうこと？」

「そうですそうです。新しい機械を買ってきて、カタログに書いてある通りに使っていては、トヨタでは『仕事をした』ということにはならなかったようなんです」。メガネくんが眼鏡を指でつまみながら言い切った。

座間さんも割り込んでくる。「**機械にさまざまな知恵をつけて、カタログ以上の使い方をして初めて仕事をしたことになる**、ということだな」

メガネくんは「じゃあ、ちょっとこの環境をもう一度確認して適切な設定方法を考えてみますね」と言って画面に向き直った。座間さんも「そうだな、そうしてくれ」と言って作業に戻る。僕は時計が気になってしまったが、結局終わったのは辺りもすっかり暗くなってからだった。

お客様先の担当者に作業が終わったことを伝え、作業の内容を座間さんから伝えてもらった。担当者の男性は「細かくやってくれて本当にありがとう。お金を払っても良かったのに」と、とても喜んでくれた。

気分良く三人で帰る途中、電車に揺られながら僕は「カタログエンジニア」という言葉を思い出していた。

確かに、カタログ通りにやるってことは頭を使っていないし、誰がやっても同じことだ。それだと競争にも勝つことができないんだろう。何か新しい知恵を付けて競争に勝たなければいけないってことなんだな。

ふと、似たようなお店ができたせいで競争環境に置かれてしまったナレッジのことを思い出した。気がついて腕時計に目をやると、時計の針はてっぺんを目指している。結局、今日はナレッジに行くことはできなかった。

僕は、いつになったら友樹ちゃんに会うことができるんだろうか。

26 逆らわず、従わず

朝からの暑さがもう、初夏の様相を呈してきた。クールビズとやらの影響で冷房はほとんど効いておらず、右手にはウチワが欠かせない。そんな暑いある日の営業会議で、思わぬ展開が僕を待っていた。

僕たちがお客様向けに実施していたセキュリティ設定サービスを「標準サービスにしよう」という話が出てきたのだ。町田部長いわく、僕ら主導で全クライアントに展開していきなさいという。無償サービスとは言え、僕ら主導でのプロジェクトが立ち上がるなんて青天の霹靂《へきれき》だった。


それ以来僕は、メガネくんが作ったマニュアルを拡充して誰がやってもできるようにしたり、サポートすべき企業のリストを作ったりと準備に追われることになった。

普段通りの営業の仕事もあるから正直大変だ。どうしても遅くまでかかることが多くなってしまった。日が延びてきたと言っても、今日もすでに辺りは暗くなっている。

ところどころ蛍光灯がついたオフィスで作業をしていると、背後に人の気配を感じた。

金城取締役だ。

「まだやっているのか」

「ええ、新しいプロジェクトが立ち上がったもので」

「ああ、町田部長に聞いたよ」。取締役はニコリとしてから僕の隣の席に手を置いた。そして、続けて口を開く。

「でも翔太くん、まさか町田部長の指示通りにやっているわけじゃないよな」

「え？　いえ、指示通りにやっていますけど。これは部長が進めろと仰った話ですし」

僕は口を尖らせながら反発した。

すると金城取締役はそのまま隣の席に腰掛けてから、こちらを見て言ってくる。

「『**逆らわず、従わず**』だよ、翔太くん」

「逆らわず、従わず……。どういうことですかね？　矛盾するようにも思うんですが」

取締役は僕を一瞥してから顎髭を撫でた。

「キングコンピュータは会社組織なのだから、社内のルールや上司の命令には逆らってはいけない。けれど、上司からの指示の内容によってはそのまま従わなくても構わない。むしろ**プラスアルファで返す**ことを上司は期待しているものなんだよ」

「プラスアルファで返す……。それが従わずってことなんですね」

「そうだ。どんなプラスアルファを返すべきか考えてみてはどうかな」

「わかりました。ちょっと考えてみます」。僕はうなずいてから机に向き直った。

考えてみますとは言ったものの、そう簡単にアイデアなんて出てくるもんじゃない。

それからというもの、僕は通勤中にもそのことで頭がいっぱいになった。

脳を刺激するためにガムでも買おうかとコンビニでお金を払おうとしたとき、ふと思った。

「お金を払ってもいい」と言っていたお客様がいたはずだ。

僕は店員さんからガムを受け取り、「そうか」とつぶやいた。無償サービスじゃなくて有償サービスにできないだろうか。

僕はオフィスに着いてすぐ、ガムを噛みながらアイデアを書いていった。

最低限必要なセキュリティ設定の部分は無償でやりつつも、お客様の環境に応じて追加で設定する部分をオプションということにして有償にしてみたらどうだろう。入り口は無償だからお客様にもきっと受け入れられやすいし、お客様との接触が増えれば僕たちも有償部分が売りやすくなる。

「これはいいぞ！」

書き込んだアイデアを見て思わず声を出すと、近くにいた美香さんが立ち上がり「うるさいわね。仕事中にガム噛んでるの翔太？　ずいぶんと生意気になったものね」などと吐き捨てられてしまった。僕はガムを口の中から引っ張り出しながら、「すみません」と頭を下げた。

結局、営業会議で発表してみたところ町田部長もうなずきながら話を聞いてくれた。追加設定部分に関してはサービス名を付けたほうがいいだろうということになり、誰かの発した「堅牢パック」と名付けられた。無償サービスとしてお客様先に伺った際に、この「堅牢パック」を全員で営業しようということになったのだ。

それから一週間が経過し、振り返ってみると営業先の八割のお客様が「堅牢パック」を買ってくださっており、大きな売り上げにつながっていくこととなった。

27 責任を追及するのではなく、原因を追究することに心を砕くべきだ

今、とても勢いに乗る会社が、クラウドスター社である。誰でも気軽に使えるクラウドサービスを展開しており、テレビCMの影響もあってかどんどん拡大している。そんなクラウドスター社とこれから一悶着が起きてしまうだなんて、このときの僕は予想だにしていなかった。

昼に一本の電話があり、町田部長が対応をしていた。フロアのみんなが固唾を飲んでその電話対応を見ている。クラウドスターとの商談の最終連絡であるということを、担当営業の美香さんからは聞いていた。そして、町田部長が電話を切ると、みんなが駆け寄っていく。僕も慌てて近づいていった。

「どうでした？」。美香さんが町田部長に訊ねると、町田部長が言った。

「決まったよ。一〇〇台受注だ」

途端に、フロアのみんながワァッと沸き立った。一度に一〇〇台はすごい。

美香さんは担当営業として町田部長から握手を求められた。

「海老名くん、よくやってくれたね」

「まあ、私に任せていただければ簡単なことですよ」

美香さんらしい受け答えではあったけれど、内心はすごく喜んでいるように見えた。実際に喜んでいたんだと思う。その日の夜、珍しく美香さんが飲み会に参加したのだから。

もしかしたら「離れ小島」の一件を気にしていたのかもしれないけれど、担当の案件で大型受注をした主役なんだし、まあ普通なら参加するだろうと思った。

美香さんはたくさんお酒を飲んで少し赤くなりながら、チームのメンバーと楽しそうに話をしていた。幸せそうな美香さんの顔を見て、僕も何だか幸せな気分になった。

ただ、そんな些細な幸せはそう長くは続かなかった。


二週間後、クラウドスター社が注文の取り消しを申し入れてきたのだ。

部長の話では、まだ契約書を交わしていない段階だから問題はないらしい。肝心の取り消し理由は、我々の発注ミスによる納入遅れだという。スピード感のある会社だけに、パートナーにもスピードを求めている。そういった意味で、キングコンピュータはパートナーに相応しくないと判断させていただいた、という連絡があったらしい。


連絡があってすぐ、緊急の営業会議が開かれた。

会議では、やはりというか美香さんが糾弾される形になってしまった。

「なぜ発注ミスが起きたんだ、海老名」

「……申し訳、ありません」

美香さんはただ床の一点だけを見つめながら、言葉をこぼした。

「一〇〇台だぞ。一〇〇台の売り上げが一度の発注ミスでパーになるんだぞ、わかってるか?」。町田部長の語気が荒くなる。

「……申し訳、ありません」

美香さんが同じ言葉を繰り返すと同時に、立ち上がって会議室を出て行こうとする。

町田部長は「海老名!」と声を出して呼び止めようとしたけれど、美香さんはドアを開けて飛び出してしまった。

隅に座っていた金城取締役の顔を見ると、僕に向かって顎をクイと前方に出してきた。おそらく「追え」と言っているのだろう。僕も立ち上がって美香さんの後を追っていった。

廊下を進んでいくと、非常階段のほうから音がした。ゆっくり近づいて非常扉を開けてみると、踊り場に入り込んで、壁に額を押し当てながらすすり泣く美香さんの背中が見えた。

僕は、この光景は見なかったことにしようと心に決めて、その場を静かに立ち去った。

重い空気の会議室に戻ってから、ひとまず席に座った。すると、僕の着席を待っていたかのように取締役が口を開いた。

「町田部長、担当営業の海老名くんを責めてはいけないよ」

町田部長は下を向いた。取締役が周囲に目を向けながら続ける。

「これから先、海老名くんを責めたものは解雇にするからそのつもりでいるように」

「解雇……」。会議室がどよめいた。金城取締役は、少し間を置いてから再び話し始めた。

「責任を追及するのではなく、原因を追究することに心を砕くべきだ」

「……原因の追究」。町田部長がボソリと口にした。

「今の町田部長もそうだが、問題が起きたら原因追究ではなく責任追及に走る人は多いと思う。しかし、責任追及が先に立ってしまうと、人はどうしても問題や失敗を隠すようになる。そして、それが後々になって大問題を引き起こしてしまうことも少なくない。今回であれば、発注した人の責任ではなく、起きてしまったことの原因を追及するべきなんだ」

確かにそうだ。なぜ発注ミスが起きてしまったのかを明確にしなければ、再び同じことが起こってしまいかねない。そもそも本当に美香さんの単なるミスなんだろうか。いくらせっかちな美香さんとはいえ、一〇〇台もの発注ミスをしてしまうような人には思えない。そんな思いが僕の頭をぐるぐると回っていた。その思考の回転を止めるかのように、取締役の言葉が割り込んでくる。

「それから、この件についてはしばらく町田部長に指揮を執ってもらうから、彼の言うことを聞くように」

「私がですか?」。町田部長が目を丸くしながら返す。

「ああ、あとで個別に話をさせてくれ」

取締役はそう言って、会議室を出ていってしまった。

28 モグラ叩きをしない

あれから、営業本部の空気はとても悪いものになってしまった。

一度は天下のクラウドスターと取引が決まったと思って祝賀会までしたというのに、なかったことになってしまったのだから当然かもしれない。美香さんも、あのときを境にすっかり大人しくなってしまった。

取締役は、会議のときに言っていたように、町田部長と個別で話す機会が増えていた。町田部長に対して何か指導をしているような雰囲気で、部長も真剣にメモを取りながら話を聞く姿を何度も目にした。

そんな中でも、生田だけは変わらずに仕事をしているように思えた。

行動も言動も変わらなければ、売り上げもしっかり立てている。周囲がどんな雰囲気であろうと、自分自身は変わらない。そんなスタンスを遠目で見ながら、悔しさとともに「べンチマーキングしなければ」という思いも湧き上がっていた。

数日してから、町田部長の号令で営業本部が集められた。発注ミスが発生した原因を追究しようとする会議だと事前に聞かされていた。会議室に入って見渡してみると、金城取締役の姿はない。本当に町田部長に任せたみたいだ。

全員が集まった頃合いを見計らって、町田部長が立ち上がって口を開く。

「さて、クラウドスター社の発注ミスの件、なんで起きてしまったのか原因を追究しようじゃないか。みんな、ざっくばらんに意見を出してくれ」

すると、前にいた一人が手をあげて発言する。

「実は以前から同じようなことがありました。そこに原因があったんじゃないかと」

「そうなのか」。町田部長が返す。次は後ろのほうから別の社員が声をあげた。

「矢島銀行でも五台発注ミスがありました。おかげでその後の運用費を下げざるを得なくなったんです」

次から次へと、あちらこちらから声が出て議論が展開されていった。

「だからあの会社は運用費が少ないのか。前から不思議だったんだよね」

「でもそれって、どこかのタイミングで費用を上げられないの？　ちょっと安すぎると思うんだけど」

「上条電気でもありましたよ。七台。何とか遅れて納めることができましたが、何かあるごとにネチネチ言われてしまって、大変ですよ」

「あそこは担当者の性格が悪いからな」

「そういう会社はもう取引しなくていいんじゃないか」

「そうは言っても、うちも踏ん張りどころだしね」


僕はだんだん目の前で繰り広げられている議論が不毛なものに思えてきた。あまりにも「枝葉」の話のような気がしてならない。

そう思った矢先、町田部長が突然「待てお前ら！」と叫んだ。

ざわついていた会議室が途端に静まりかえる。会議室全体を見渡しながら、「お前ら、**モグラ叩きをするんじゃない**」と低い声で言ってきた。

「今お前らが話しているのは本質じゃない。派生して起きる事象は、言わば畑に現れたモグラを叩いているようなものだ。モグラを叩いて退治するんじゃなく、モグラが住み着かないような土壌にしなければならない」

みんなが静まりかえる。僕は思わず声を出した。

「発注ミスがなんで起きるのかを考えたほうがいいってことですよね」

「そう、大野くんの言う通りだ。そこにフォーカスしなければならない」

町田部長は返してくる。

すると、後ろから生田が声を出してくる。

「でも、どうやってフォーカスすればいいんでしょうか」

29 五回のＷＨＹ

生田のほうを見て手のひらを広げた町田部長が、「**五回のＷＨＹだ**」と言った。

生田は矢継ぎ早に「ＷＨＹってことは『なぜ』、ですよね。なぜを五回言えってことですか？」と返す。

町田部長はうなずきながら「そうだ。原因がわかるまで、徹底して問いかけていくことが重要なんだ」と返した。

「海老名くん」。町田部長が美香さんに呼びかけた。

美香さんは「はい」と言って静かに立ち上がる。声に張りがなく、まだどことなく元気がない。

「なぜ発注ミスが起きてしまったんだと思う？」

町田部長の問いかけに、美香さんは「……発注指示書を書き間違えて、処理されなかったからだと思ってます」と答えた。

傷口に塩を塗るような質問に、思わず目を背けたくなってしまう。

「なぜ発注指示書を書き間違えてしまったのだろう」

容赦なく町田部長は続けてくる。そこへ生田が口を挟んできた。

「単に海老名さんの不注意じゃないでしょうか」

「それは違う！」。僕は反射的に声を上げてしまった。生田はもちろん、美香さんも驚いてこっちを見ている。僕は町田部長へ向き直り、取りつくろうように続けた。

「僕も以前に同じようなミスをしたことがありました。そのときは近くにいた事務の子に指摘されたから直せましたけども。あの……発注指示書ファイルがミスしやすいつくりになってないでしょうか？」

「ミスしやすいつくり？」。生田が横から聞き返してくる。

「そう、確か、数字を決定するためにエンターキーを押すとたまに数値が消えちゃうんだ」

僕が生田に向かって言い切ると、周囲から「そうそう」という声が漏れだした。

「あれ、ちょっと慣れが必要なんだよな」

「ああ、俺もあるわ」

「誰か直せっての」。会議室がにわかに騒がしくなってくる。

町田部長がみんなを制するように口を開いた。

「なぜそれを直さないんだ？」

みんなは一様に顔を見合わせている。

「そういや、誰も直したことないよね」

「なんで直してないんだろ」

僕は手をあげて答えた。「編集権限を持ってないからですよ」

周囲からは「ああ」と納得するような声が漏れてくる。すると、町田部長が腕を組んでから再び聞いてきた。

「なぜそのファイルの編集権限を持ってないんだ？」

気が付けばさっきから部長は本当に「なぜ」をぶつけてきている。またざわざわと誰ともなく口を開きだした。

「このファイル作ったのって、誰だっけ？」

「確か、山田さんだよ。ＩＴ部門にいた人」

「山田さんって？」

「もう辞めちゃったんですよ。地方の実家に帰るって言って」

町田部長がゆっくりと立ち上がりながら声を出す。

「だいぶ見えてきたみたいだな」

そう言ってから腕を組み、低い声で続けた。

「この五回のＷＨＹは、最初の二～三回はなんとか問いかけていくことができるだろうが、たいていの場合はその辺りで進まなくなるんだ。そして、つい適当な答えを見つけて、『そうかわかったぞ』となってしまう。私も『適当にわかったと言うな！』とよく金城取締役に怒られたものだ」

「町田部長が怒られた？」

町田部長の言葉で、僕はじわりと取締役のすごさを実感し始めていた。

考えてみると、今までは何だか気軽に相談できる「ジャンパーの人」みたいな感覚で接していたけれど、本当はやっぱりとんでもない人なんじゃないだろうか。他の役員たちも恐縮しているし、僕が気軽に話をできるような人じゃないのではないだろうか。

そもそも取締役は、なんでこんなに僕に構ってくれるんだろう……。

僕は、これまでのことを鮮明に思い出そうとしていた。けれど、町田部長の声で我に返る。

「まあ、人間ってのは、適当なところで妥協したくなるものだよな」

そう言いながら、部長は自嘲気味に笑っていた。

「編集権限のない発注指示書」が諸悪の根元であることがわかり始めたところで、僕はある確信をして言葉がこぼれた。

「そっか」

30 真因

「じゃあ、新しい発注指示書を作りましょうよ」。僕は少し大きめの声を出した。

「そうだな」。町田部長がニヤリと微笑む。

「誰かが作らないとな」

「その指示書をチェックするフローも必要だ」

みんなが口々に意見を言ってくる。僕は思わず美香さんに向かって口走ってしまった。

「美香さん、ミスの原因は修正されない発注指示書だったんですよ。美香さんは悪くないんです」

美香さんは少し伏し目がちに僕の顔をじっと見ながら、何かを言おうとしてくる。

そのときだった。会議室のドアがガチャッと音を立てて動くと、見覚えのあるジャンパーが目に飛び込んできた。

「どうやら『**真因**』にたどり着いたようだな」。金城取締役だ。

「お疲れさまです」。みんなが声をそろえた。中に入ってきた取締役は、隅に置かれた椅子に腰掛ける。いつもの席だ。僕は質問を投げた。

「真因って、『真の原因』ということですか？」

「ああ、そうだよ翔太くん。原因の背後には必ず真因がある。ミスが起きたときには表面的な問題だけを見るのではなく、『なぜ』を五回繰り返して真因に迫り、本質的な解決を図る、というのがトヨタの考え方なんだ」

近くに立っている町田部長が黙ったまま何度もうなずいた。

「小さなミスを軽視して応急処置や注意喚起を促しているだけでは、本当の解決にはならない」、そう言ってくる取締役に、僕は「モグラ叩きはするな、でしたね」と合いの手を入れた。取締役は僕のほうを一瞥してから、続けて話す。

「問題の真因探しが進まない理由の一つに、**責任の押しつけあい**がある。問題は原因と結果が複雑に絡んでいる。単純に『自分のせいではない』とは言い切れないはずだ」

そう言ってから、美香さんのほうを見た。美香さんもしっかりと取締役の顔を見ている。

「みんなが他人のせいにして、誰も**『問題のホルダー』**にならないようでは、問題解決以前の話だ。真因を見極める際には、**『自分たちで問題解決が図れるか』**という視点が重要になるんだ」

椅子から立ち上がり、取締役は顎髭を撫でた。

「みんなに言わなきゃいけないことがある」。その発言で、会議室が静まりかえる。

「本日、クラウドスター社への交渉が通り、再度契約を結んでもらうことになった」

取締役が言った途端、ドッとみんなが沸き立った。

「よっしゃ」「良かったぁ」とみんなが口にする。ハイタッチをし合う社員もいた。美香さんに目を向けると、両手で口を押さえて驚いていた。見開いた目が、少し潤んでいるようにも見える。

取締役はそんな様子を眺めるでもなく、足早に会議室を出て行ってしまった。

その後、笑顔に包まれた会議も終わり、各々が自分の席へ戻っていった。

途中、廊下で町田部長が話しかけてきた。

「大野くん、じゃあ新しい発注指示書の作成は頼んだよ」

「はい、わかりました」

僕は少し気がかりになっていたことを聞いてみた。

「部長、取締役はどんな交渉をしてクラウドスターと契約を結ぶことができたんでしょうか」

するとと、部長は「交渉というほどのものじゃないが」という前置きを言いながら口を開いてくる。

「社内の問題解決が私に任されたのは知っている通りだ。まあ、いろいろとレクチャーを受けながらではあるけどな」。僕の脳裏に、部長と取締役が二人で話すシーンが甦る。そう言えば本当によく話していた気がする。

「その間、取締役はずっとクラウドスターに連絡したり足を運んだりしていたんだ。先方の担当者から後で聞いた話では、何度も頭を下げてお願いをしていたらしいぞ」

「取締役が頭を下げて？……」

「ああ、先方の担当者が困ってしまうほどに頭を下げていたらしい。なかなか頭を上げてくれないから本当に困った、と電話口で言っていたな」

「そんなにまで……」

呆気にとられていると部長が自分のおでこを手のひらで叩いた。

「ああ、しゃべりすぎちゃったな。大野くん、私からこの話を聞いたというのは内緒だぞ」

言いながら部長はそそくさとその場を立ち去っていった。すると、部長がいた場所のすぐ後ろのほうに、美香さんが立っているのが目に入った。今の話を聞いていたのだろうか。何も言わずに棒立ちで、ただうつむいているだけだった。

僕は声をかけることもできず、自分の席へと戻っていった。

金城取締役という人は、僕が思うよりもはるかにすごい人なのかもしれない。

31 大切なのは「目的は何か」である

夜七時に近いのに、空がまだ明るい。もわもわと熱い空気が体に押し寄せてきて、室内で冷房に慣らされていたことに気付く。みんみんと蝉が鳴く並木道を抜けて、カフェ「ナレッジ」に入っていった。

「いらっしゃいませ」

これは友樹ちゃんの声だ。僕の胸は思わず高鳴った。

いつもの席に着くと、友樹ちゃんが注文を聞きにくる。僕は「お、お久しぶりですね」と声をかけた。

「こんにちは」

ニコリと微笑む友樹ちゃんに、アイスコーヒーを注文した。やっぱりこの子は文句なしにカワイイ。

その後も友樹ちゃんが働く姿をボーッと眺めていた。こんな時間がいつまでも続けばいいのに。そんなことを思ってしまった。

アイスコーヒーを持ってきてもらった後で、再び友樹ちゃんがやってきた。何かと思ったら「ごめんなさい、これ置くの忘れてました」とガムシロップを渡された。僕はガムシロップを使わないのに、久しぶりだから忘れられているんだろう。そんなことよりも、手のひらで直接受け取ったので思わず友樹ちゃんの指に触れてしまった。僕は全身に電気が走るような感覚に襲われた。

そして、そのガムシロップをそっとポケットにしまいこんだ。

*

最近の営業本部ではどこからともなく「プレゼンテーションの研修をやろう」という声が持ち上がっていた。

「営業なんだからプレゼンぐらいマトモにできないと」。そんな危機感からなのかもしれない。まあ、そういう声があがってくることは悪くないと思った。

ただ、外を飛び回っている営業本部のメンバーはただでさえ集まりが悪い。その研修をいつやるのか、誰が中心となって旗を振るのか、その辺りが曖昧だった。中には「大野が中心でやったらいいんじゃないか」なんて無茶ぶりをする声も聞こえたけれど、特に何が決まるわけでもなく、ただ時間だけが過ぎていった。

そんなある日、お客様先に向かおうと廊下を歩いていると、生田が前から歩いてきた。すれ違いざまに話しかけてくる。

「あ、翔太。例のプレゼン研修の件だけど、あれ翔太が進めたらいいんじゃないのかな？」

僕は立ち止まり、言葉を返す。

「そんなこと言ってもさ、なかなか人が集まらないんでしょ、あれ」

「いや、だから集まる方法を考えたらいいじゃないか」

生田が口を尖らせながら言ってくる。

僕は何だか違和感を覚え、会話をするのが億劫になってきてしまった。首を左右に振りながら「違うよ、そうじゃない」と言ってその場を去ろうとすると、「そうじゃないなら何なんだよ！」と珍しく声を荒げてきた。

生田の顔を見ると、僕をにらみつけている。僕は驚いて黙り込んでしまった。なんでこいつにそんな言われ方しなきゃいけないんだろう。

そのときだった。

「君たち、廊下で何を騒いでいるんだ」。言いながら取締役が向こうから歩いてくる。

僕と生田はお辞儀をした。

「大きな声でプレゼン研修の人を集めるだの何だの、仕事熱心なのはいいが、肝心なことを忘れているんじゃないのかな」

「肝心なこと？」。生田が高い声を出す。

「何を言っているかわかるかな、翔太くん」。取締役が僕に目を合わせてきた。

「……肝心なことかはわかりませんが、正直、何でその研修をやるのかわからなくなってきました」

僕がそう言うと、「そう、大切なのは『**目的は何か**』なんだよ」と言いながら取締役は顎髭を撫でた。腕を組んでから続けて話してくる。

「何のためにその研修をやるのか、ちゃんと意識を合わせなければいけないだろうな。まあ、目的と手段の混同はしばしば見られる。やれ新しいシステムを導入しなきゃいけないとか、やれ新しいツールを使わなきゃいけないといって、動き回る人は多いんだ。結果、システムが導入できたとか、ツールが使えるようになったからこれで大丈夫、などと勘違いする例が後を絶たない。常に『**これは何のためにやるのか**』を忘れてはいけないということだ」

そうだよ。「何のためにその研修をするのか」がすっぽ抜けていたんだ。生田も小刻みにうなずいている。取締役はそんな生田に視線を合わせながら、続けてくる。

「それと、この手段、この手法しかないと思いこむと、人はいともたやすく目的を見失うものなんだ。**どんな結果を得るためにやるのか**を意識しないといけない」

僕はうなずいてから生田に話しかけた。

「生田さぁ、何のために研修をするんだっけ?」

生田は鼻の頭を掻きながら答える。

「何のためって、……プレゼンが上手くなりたいから」

「プレゼンが上手くなって、どんな結果を得たいんだろう」

「そりゃ、受注したい」。僕が矢継ぎ早に投げかけると、続けるように生田も答えてきた。

「そうだよね。プレゼンを理由に失注したくはない。受注率を上げるというのが目的で、そのためにプレゼンの精度を上げたい。だから研修をやるってことだよね」

「確かに、いつどこで大型案件のプレゼン機会が来ても対応できるようにしたいもんな。そうか。そういう研修コンテンツを考えればいいのか。……これ、ちょっと僕のほうで考えてみるよ」

生田の言葉にうなずいてから取締役に目をやると、顎髭を撫でながらニヤリとしていた。


お客様先からの営業の帰り、電車の中で席に座ると太股に違和感を覚えた。ポケットに手を突っ込んでみると、ガムシロップが出てきた。「ナレッジ」で入れたやつか。

そういえば、僕は何のためにナレッジに通いつめているんだろうか。流れる景色を見ながら考えようとしたけれど、考えるまでもなかった。

僕はアイスコーヒーが飲みたいんじゃない。友樹ちゃんに会うために行っているんだ。

じゃあ、何をすればいいか。

「よし」。僕はある決意を固めていた。


次の日、週末で休みだったけど、僕の足はカフェ「ナレッジ」に向かっていた。告白をするためだ。もういちいち彼女のシフトを気にしたり、いるとかいないとかで一喜一憂したくない。ずっと一緒にいたい。だから告白するんだ。

ドアを開けると「いらっしゃいませ」と高い声がした。友樹ちゃんだ。

僕はぎこちない足取りでいつもの席に座ると、注文を聞きにきた友樹ちゃんに「あの、今日終わるのは何時ですか?」と投げかけた。

「え、夕方の五時ですけど……」と少し訝しげな顔で返してくる。

「じゃあ、お店の前で終わるのを待ってます」

そう言い切った僕の手は、汗でびちょびちょになっていた。友樹ちゃんは少し困惑した表情を浮かべながらも「はい」と言ってその場を立ち去った。


コーヒーを飲み終えてナレッジを出た僕は、夕方五時までお店の前で待っていた。

どんな風に告白しようかと考えたけれど、いきなり好きだとか付き合うだとかは重いんじゃないかと思い始めた。まずはデートに誘って、そのデートのときに告白すればいいんじゃないだろうか。

デートはどこに誘うのがいいだろうか。映画か遊園地か、でも最初だから食事くらいがいいかもしれない。そんなことを考えているうちに、仕事を終えた友樹ちゃんがこっちに向かってきてしまった。

僕の脈拍が一気に音を立てる。

「すみません、お待たせしました。……何でしょうか」

「ああ、呼び出しちゃってごめんね。あの……」

僕は汗まみれの手を固く握りしめてから一気に口を開いた。

「来月のどこかで、一緒にご飯にでも行きたいなと思って」

すると、友樹ちゃんが眉を八の字にしながら言ってきた。

「……ごめんなさい。わたし、今月でナレッジ辞めちゃうんです」

「え？ なんで？」。僕の口から間の抜けたような声が飛び出す。

「あの、来年、結婚することになりまして、それで」

もう聞きたくなかった。僕は「ああ、そうなんだ……おめでとう」と言って、当たり障りのない祝辞を適当に口から出しながら「時間を取っちゃってごめんなさいね」と言って家路につくことにした。


僕の夏は、いともたやすく終わりを告げた。

蝉の鳴き声が、僕の耳に空しく響いていた。

POINT解説

真因思考

トヨタでは、いつも「なぜ」と問うことを求められましたし、「なぜ」と問われることが数多くありました。

「なぜ」と問うことは、言い換えれば「**事実をありのままに、頭を白紙にして見る**」ということだと思います。

想定外のことが起きたときに、「運が悪かった」とか「相性が合わなかった」など と自分勝手な解釈で済ませてしまうことは良いことではありません。「なぜそれが起きたのか」と問うことで、問題の真因が見えてくるというわけです。

ただ、真因を探っていくと、どうやら原因は自分のせいではなく他人のせいだとわかることもあります。そんなとき、そこで問題追求の手をぱったりと止めてしまう人が少なくありません。

普通の人であればそう動いてしまうかもしれません。原因が自分にあるなら解決策を考える必要がありますが、原因が他人だとすれば、そうは思わないでしょう。解決は他人がやるべきであって、自分がよけいな口を出し、知恵を貸す必要はないと考えてしまうものです。

しかし、トヨタにはそういう考え方は存在しません。それでは問題が解決しないからです。

問題の真因探しが進まない理由の一つに、こうした**責任の押しつけ合い**があります。問題は原因と結果が複雑に絡んでいます。単純に自分のせいではないなどと言い切れないはずなのです。「そっちのせいだ」「そっちこそ」などと、みんなが他人のせいにして誰も問題のホルダーにならないようでは、問題解決以前の話です。

また、トヨタでは、何か問題が起きたときには**解決するまで現場を離れられない**ことがよくあります。私がいたメカニックの現場でも、どうしても修理がうまくいかないケースがありました。そこでその場を何とか取りつくろって納車をしてしまう、などというのはただの「修繕」であり、お客様に大きな迷惑をかけてしまう恐れがあります。必ず根本原因を見つけだして解決しなければ、次に進むことができないのです。

それは自分が担当する車だけでなく、誰が整備している車でも同じでした。問題が起きると、あっちこっちから先輩が近寄ってきて「どうした？」と声をかけられます。これは、全員が問題のホルダーであるという意識の高さを表しています。

また、仕事が順調に進んだときも**「五回のＷＨＹ」**を繰り返すことを求められました。順調にいっているときは手放しで喜びたいものですが、そこでも「WHY」と問うことで**成功のプロセスが明確化**できるからです。プロセスを明らかにすれば、再び同じ状況が訪れたとき、成功を繰り返すこともたやすいというわけです。

例えば、自動車開発の場面においても、問題なく走る完成車を一度すべてばらして部品を確認しています。これは「なぜ問題なく走ったのか」を突き詰めているからです。

成功要因も明確にしているからこそ、トヨタという会社は巨大になった今でもなお、成長を続けることができているのではないかと考えます。

プロセスを明確化する

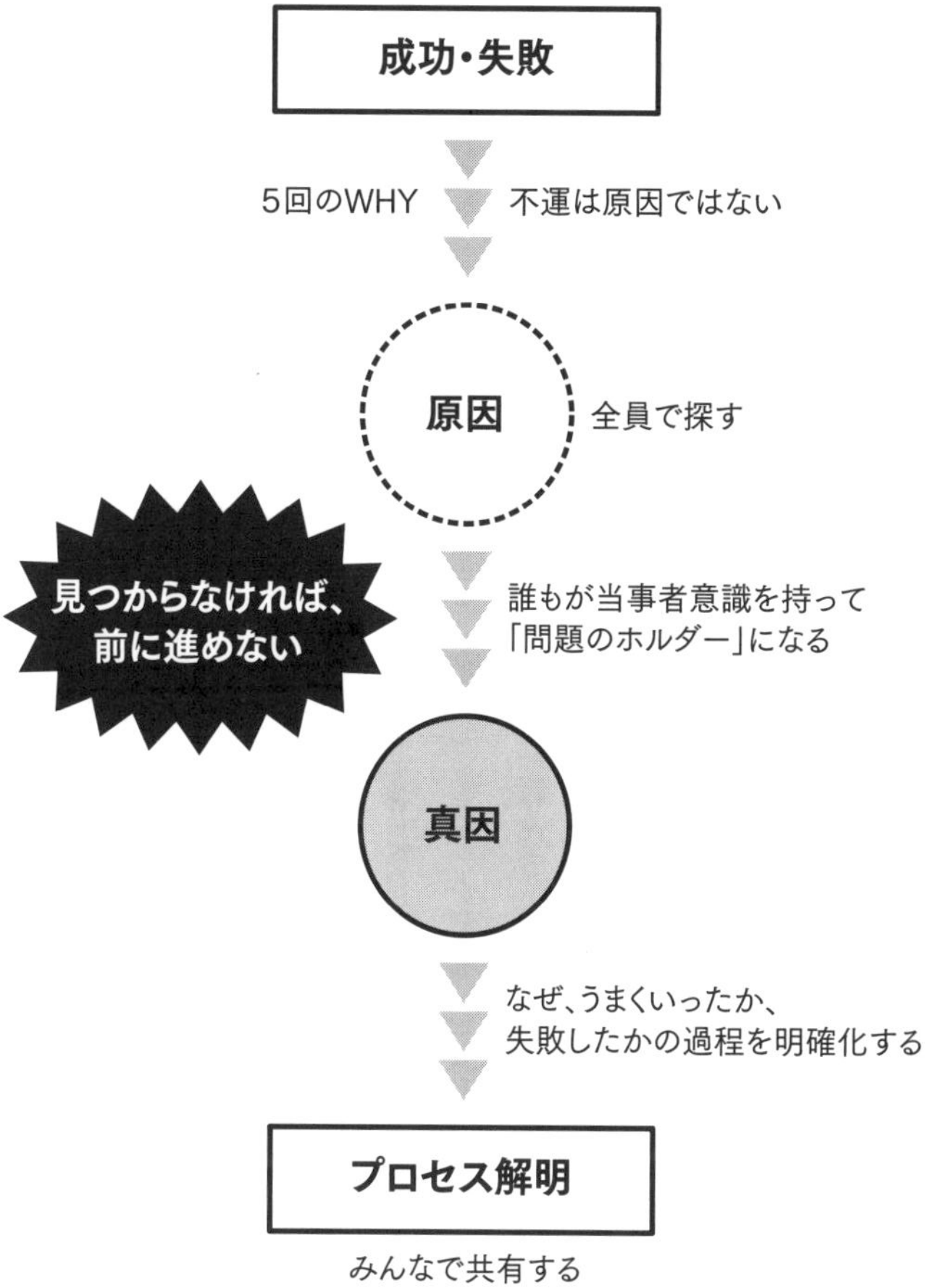
成功・失敗
5回のWHY
不運は原因ではない
原因
全員で探す
見つからなければ、
前に進めない
誰もが当事者意識を持って
「問題のホルダー」になる
真因
なぜ、うまくいったか、
失敗したかの過程を明確化する
プロセス解明
みんなで共有する

第5章

スピードが解決を前進させる

行動思考

なぜ、仕事ではスピードが結果を左右するのか？
スピードを上げるために、走りながら考える方法とは？

POINT

より速く問題に気づくことが成果を大きく左右する

自分の頭で考えるヒント

1 ▶ 速く動けば速く問題がわかる

2 ▶ 小さなヒントを集めて形にする

3 ▶ 「どうすればできるか」を考える

32 巧遅より拙速

僕にとって最高の「癒しの場」だったナレッジは、つらい思い出の場所に変わってしまった。やはり僕の居場所はトイレにしかないのだろうか。もう僕は、仕事に生きようと決心した。

目下の取り組みは、研修の運営だ。何人かの後輩も交えて、「受注率を上げるための研修」を作り込もうと会議を重ねていた。

この日も仕事を終えた夜から会議だ。いつもと違うのは、途中から金城取締役が入ってきて、隅でじっと見ていたことだった。

今日の議論の内容は、講師をどうするか、に集中していた。

「誰に教えてもらうかって、すごく重要だよね」

僕がつぶやくと、みんなも大きくうなずいた。

「あの、営業の世界で有名な山下先生にお願いしてみたらどうでしょうか」

後輩の誰かが口を開くと、みんなが一斉に議論し始める。

「山下先生かぁ、ネットでも有名な人だよな」

確か自動車販売の営業で実績を残し、営業に関する本も何冊か出している人だったと思う。

「あの人の営業本は面白かった。直接話を聞きたいな」

「でも、そんな有名な人を呼ぶのってお金かかるでしょ。予算取れるのかな？」

「やっぱり社内で誰かが講師をやるべきかなぁ」

議論に勢いを失いかけていたそのとき、後輩の一人が生田のほうを向いて明るい声を出した。

「そうだ。生田さん、講師やってくださいよ。一番受注しているんだし」

生田は首を左右に振りながら「講師なんてできないよ。やったこともないし」と言った。

すると、ずっと座っていた取締役が「生田くん」と言いながら立ち上がる。

みんなの視線が集まったところで、金城取締役がゆっくりと口を開いた。

「なぜやる前からできないとわかるんだ？　キミは占い師か？」

生田はじっと取締役の目を見つめる。

「とにかくやってみたらどうだ？　講師を呼ぶにせよ誰かがやるにせよ、意見が二つ出たなら両方やってみればいいじゃないか。そうすれば結果にも納得できるだろう。結果に問題があれば、改善をしてもっといいものにしていけばいい」

言いながら取締役はホワイトボードに近づき、黒いペンを持って文字を書いた。

「**巧遅より拙速**」と記されている。

「こうちより……せっそく、ですか？」。生田が首を傾げながら答える。僕は閃いて、思わず口を挟んだ。「巧みに遅いより、拙《つたな》くとも速く動け、ってことですかね」

「ああ、そうだ。**拙くてもいいからまずはやってみろ**ってことだな。速く動くと上手くいかないんじゃないかって心配になるかもしれない」

取締役は生田に目を合わせながら続ける。「しかし、速く動けば動いただけ何が上手くいってないのかすぐわかるじゃないか」

生田はうなずきながら静かに席に着いた。

僕は立ち上がり、メンバーに向かって声を投げる。

「じゃあ、社内でやる方向で進めようよ。次の打ち合わせでは研修の内容を決めていこう」

「はい」。みんながそろって返事をしてきた。

会議室を出るとき、取締役に話しかけられた。

「翔太くん。メンバーに対して自分の指示したことがすべてうまくいくと思っちゃいけないよ。だからこそ、メンバーに迷惑をかけないためにも、**指示したことはすぐやらせるんだ**。目の前でやってもらえば、自分の責任ですぐに訂正できるだろう」

「なるほど、それも『巧遅より拙速』ってことなんですね」

「そういうことだ」


帰る途中、コンビニでビジネス雑誌を買った。以前はまったく手に取ったことがなかったけれど、こういう雑誌に目がいくようになるなんて僕も成長したものだ。家に帰ってからパラパラとめくってみる。すると、ある記事で目が止まった。米国でソーシャルメディアビジネスを立ち上げた有名な起業家が、インタビューに答えている記事だ。

その起業家が社員にいつも言っているという言葉に、目が釘付けになった。

「**完璧を目指すより、まず終わらせろ**」

これもまさに「巧遅より拙速」と同じ意味じゃないだろうか。

この起業家は、米国市場に上場し今や巨万の富を得ているという。

僕の両腕の肌が、いつの間にか粟立っていた。

33 人間関係は口より耳でつくれ

次の打ち合わせから、研修の内容を企画していった。いろんな意見が出たものの、集約するとタイトルは「プレゼンテーションの基本」となり、講師は生田に務めてもらうことになった。開催日は、二週間後の月曜日に設定。概要を一枚のチラシにまとめて、印刷をしていった。

そして、営業会議では前に出て研修のことを告知させてもらったし、チラシも営業部にばら巻いた。しかし、申し込みはほとんど入ってこない。廊下ですれ違う同僚や後輩にもいちいち話しかけて参加を促してみた。それでも、メールの申し込みは一向に増えなかった。

「なんだよ、せっかく企画してるってのに、みんなやる気がないんだな……そもそもプレゼン研修やろうって言い出したのは僕じゃないんだけど……」。そんなことをボヤいていると、デスクの電話が鳴った。「翔太くんか」取締役の声だ。

「なんでしょうか」

「例の研修はどのぐらい参加者が集まったんだ?」。さすが取締役、痛いところを突いてくる。

「それが、全然集まらないんです」。僕は、口を尖らせながら答えた。

「翔太くん、一つだけ忠告しておこう」

「なんですか?」。僕は受話器を強く握り直す。

「**人間関係は口より耳でつくれ**」

「人間関係を、耳でつくる?」。思わず声が裏返りそうになりながら聞き返そうとするけれど、すぐに電話は切れて断続的な機械音が耳に入ってきた。

受話器を置いてから僕は、机の一点を見つめたままさっきの言葉をつぶやいていた。

「人間関係は、口より耳……」

自分がやってきたことを振り返りながら考えていると、あることに気がついた。

「……そうか、一方的に話してばかりじゃなく、話を聞けってことか」

考えてみれば、確かにそうだった。参加してほしいあまりに、言いたいことしか言っていない気がする。僕は、営業部のみんなに対してプレゼン研修としてどのような内容のものを希望するか、ヒアリングをしていこうと考えた。

時間はかかったけれど、一人ひとりのデスクに足を向けて話を聞いていった。すると、思っていたよりもさまざまな意見を聞くことができた。

例えば、座学や基本的な内容よりもすぐに使える実践的なものがいい、という意見。

例えば、開催する曜日は月曜は避けてほしいという意見。

例えば、申し込みの方法はメールアドレスを入力するのではなく、ウェブでできないかという意見。

僕は一つずつメモを取りながら、丁寧に話を聞いた。研修の内容や進め方に活かしていこう、そう思った。考えてみれば、最初の形は完璧でなくて良かったんだ。それこそ動きだしてみることで反応がわかる。まさに「拙速」によって気付くことができるんじゃないだろうか。


昼休みも終わるころ、僕はトイレにいた。用を足し、手を洗っていると、鏡越しに映った取締役が背後から話しかけてくる。

「翔太くん、今日はこもらないのか？」

「なんですか、それ？」。僕は眉間に皺を寄せた。

「まあいい。どうやら電話で言ったことの意味はわかったようだな」

「はい、話を聞くことから始めろってことだったんですね」

僕は蛇口をひねって水を止める。

「そうだ。トヨタの上司は、よく部下を見ているし、よく話を聞く。正解は教えないけれども、相談すれば必ず『じゃあ、一緒に考えよう』と言ってくれるんだ」。取締役がハンカチで手を拭いた。

「そうなると、上司と部下の一体感が生まれてモチベーションアップにもつながりそうですね」

「そういうことだ。だから翔太くんも今後、部下から相談をされたら必ず手を止めて話を聞くといい」

「わかりました。もし、どうしても手が放せないときはどうすればいいでしょうか」

「難しいようなら『いつ話を聞くのか』をその場で決めて伝えてあげなさい」

僕と取締役は、二人でトイレを後にした。


そして二週間後、プレゼン研修が開催された。簡単な申し込みツールを作ってメールで案内を出したのが良かったのか、当日は八割以上の営業部メンバーが参加してくれた。

研修内容もフィードバックを中心にした。実際に模擬プレゼンをしながら、生田をはじめ参加者のみんなで良い点や改善点を伝えていく形式だ。それにより、各々の弱点が明確になり、その場で修正ができるようになった。

それだけでなく、生田がこれまで受注してきたノウハウを『**横展**』することにもつながったな、と僕はほくそ笑んでいた。

34 まずは、いい案より多い案

会社まで続く街路樹から、ひぐらしの鳴き声が聞こえてくる。まだまだ暑さはあるものの、時折吹き込んでくる風は、かすかに秋の香りを漂わせていた。

休日明けの月曜日。朝から社内は騒然としていた。ニコニコしている美香さんが、テンション高めに「コンペ来たよコンペ」と楽しげに言っている。

詳しく聞いてみると、大手広告代理店であるＤＨＫ社のシステム増強にともない、コンペの話が舞い込んだらしい。

「あれ、でも広告代理店ってウチは取引ないですよね？　なんでウチに来たんでしょうか」

「そんなの知らないわよ。いいじゃない別に」

美香さんは他人事のように言うけれど、僕は気になって仕方がなかった。「なぜ」がすぐ頭に浮かぶってことは、もしかすると「五回のＷＨＹ」が身についている証拠なのかもしれないな、とそんなことを思った。

翌日の午後、町田部長を筆頭に、美香さんや生田、他数名の大所帯でＤＨＫ社を訪問してオリエンテーションを聞くことになった。オリエンというのはコンペに向けてどんな提案を望んでいるのか概要を聞く場らしい。ＩＴ業界ではＲＦＰという書類で済まされることが多いけれど、さすがは広告業界だ。コンペ自体も一つのイベントなのかもしれない。しかも、こんなに大勢でお客様先を訪問するのは初めてのことで、大きな案件であることを改めて感じた。

会場に着くと、女性のスタッフに誘導されて会議室に通された。中に入ると、五〇人は入ろうかという横長の部屋で、前の壁にはスクリーンが三つ据え置かれている。指定された席に着くと、同じようにオリエンを聞きに来たと思しき企業が何社か左右にも座っていた。美香さんがヒソヒソ声で教えてくれたところによると、右側に座っている何人かはスピードコンピュータの社員だという。クライアント先で鉢合わせになったことがあって、覚えていたらしい。

指定された時間が近づくと、一人のスキンヘッドの男性が部屋に入ってきて一礼した。シャツの襟が立っていて、尖った靴がピカピカと光っている。いかにも広告関係の人っぽく感じる外見だ。そのスキンヘッドの男性が、おもむろにマイクを握って話し始めた。

「みなさま、本日はお集まりいただき、ありがとうございます。DHK社で取締役をやっております、兵藤といいます」

その兵藤と名乗る取締役は、少し早口ではあるものの鋭い声で話を続けてくる。

「弊社は透明性の高い広告代理店としてお客様にご愛顧いただき、業界三位まで浮上してきた新興企業です。新規事業を次々と拡大しており、今回も世界規模のウェブサービスを行うため、インフラへの先行投資としてサーバーを二〇〇〇台ほど発注したいと考えています」

「二〇〇〇台……」。会議室がにわかにどよめいた。

「ただ」。兵藤取締役が人差し指を立てて、どよめきを制する。

「普通にサーバーを注文したのでは面白くありません。思わずニュースになるようなサーバーを、ぜひご提案いただきたいのです」と続けた。

「ニュースになるようなサーバー……」。今までにない要望に、僕の頭は一瞬理解しがたくなった。それは、美香さんも生田も同じだったと思う。続けて提案期日などの概要を聞き、簡単な質疑応答をしてからオリエンは終了となった。

僕は、近くに立っていたＤＨＫ社の人を捕まえて「なぜ我々に声をかけてくださったのか」を聞いてみた。すると、だいぶ前に「アフターサポートの対応が速い」というチラシを目にしてから気になっていて、いつか声をかけようと思っていたのだという。

「そのチラシ、前に美香さんと僕で作ったものじゃないか」。僕は驚きながら口にした。どこで何が作用してくるのかわからないものだ。

一礼して会議室を出る。帰りながら、「どんな提案を持って行けばいいんですかねぇ」と町田部長に投げかけた。すると、部長は腕を組んだまま「この戦いは非常に不利だな」とつぶやいた。

部長によると、現在ＤＨＫ社のシステム全般を担当しているのが僕らの右側に座っていたスピードコンピュータ社らしく、システム環境のことを知り尽くしているから有利なのではないか、ということだった。

美香さんが「それっていわゆる出来レースなんじゃないの」と口にする。みんなは慌てて周囲を見回したけれど、幸いスピードコンピュータの面々は見かけなかった。

会社に帰ってから、早速コンペに勝つためのアイデア出し会議をすることになった。

会議室にはオリエンに参加したメンバー全員がそろい、町田部長から事情を聴いたらしい金城取締役も同席した。

重く静まりかえる会議室で、「思わずニュースになるようなサーバーって、どんなのよねぇ……」と美香さんがボヤくような口調で漏らした。みんなが頭の中で考えていたことを代弁するようなボヤきだ。

「あ、そうだ」。美香さんが咄嗟に声を上げる。

「実はビールサーバーになってて電源入れるとビールが出てくる、とかどう？」

「ははは、サーバー違いってことですね」

「海老名さん、くだらねぇ」。みんなが笑いだした。すると、生田が冷たい口調で投げかけてくる。

「そんな陳腐なアイデアじゃ絶対勝てないでしょう」

あまりに冷淡な言い方だったせいか、会議室が徐々に静かになってしまった。

僕はたまらず口を挟む。

「いや、まずは、たくさんアイデアを出したほうがいいんじゃないかな」

「勝てるアイデアを出さなきゃ時間のムダだろ」

すぐさま反応し僕の目をにらみつけた生田が、語気を荒げた。

すると、金城取締役が立ち上がって制してくる。

「待ちなさい、生田くん。翔太くんの言う通りだ。まずは、**いい案より多い案**が必要だ」

僕は少しうれしくなったけれど、当の生田は「多い案……」とうなだれながら言葉をこぼしていた。

「何か立派な提案をしなければいけないのでは、と力む必要はない。小さな提案や小さな気づき、小さなアイデアの積み重ねこそが世の中を変えていくものだ。アイデアは質よりもまず量を出すことを考えてみなさい」

すると生田が、壁のほうを見ながら言葉を吐き捨てる。

「じゃあ、ここにいる優秀な先輩がたくさんアイデアを出してくれますよ」

「それは違うぞ」。すかさず取締役が声を出す。

「アイデアは一人が数を出すよりも、一〇人が一つずつでもいいから出す。そして、それをまとめていくものだ。**多くのメンバーから小さなヒントを出し合い、それを形にしていくような習慣**を身につけなさい」

金城取締役に続けて、僕はみんなに向かって声を上げた。

「よし、じゃあ続けてみんなでアイデアを出していこう。生田も考えてよ」

僕の声をきっかけに、みんなが徐々にアイデアを口にし始めた。

「じゃあ、サーバーが暖房になるってどうかな？　冬場とか重宝するよね」

「冷却ファンに笛がついていて音楽を奏でるサーバーとか楽しくていいんじゃない？」

「有名なデザイナーがデザインした、カラフルなサーバーとかも話題になるかも」

次から次へとみんなから面白い発想が飛び出してくる。生田にも少しずつ笑みがこぼれ始めた。

僕は手元のメモ帳に目を落とした。ごちゃごちゃと書かれた文字の中に「透明性」という表記があるのを目にする。オリエンのときに書いたものだ。

「そうだ。透明性が高い代理店さんなんだから、透明なサーバーっていうのはどうだろう？」

「それいいね！」。生田が思わず明るい声を出していた。

35 問題にぶつかるのは、運がいい証拠だ

生田のひとことをきっかけに僕のアイデアがフォーカスされ、「透明なサーバー」について続けて議論していった。

「スケルトンのサーバーって確かに話題になりそうだよね」

「透明性の高い会社っていうアピールにもピッタリだから絶対いいよ」

「製造過程に負担もかからないし、中身は変わらないからコストも抑えられるんじゃないかな」

「でも、素材はどうしたらいいんだろうね。ガラス？　アクリル？」

確かに、言ってはみたものの素材をどうすればいいのかわからない。

素材は後日また製造部門の人たちも交えて検討するとして、ひとまず今回は「スケルトンサーバー」の案で進めていくことで一致した。

＊

同じ町の外れには工業地帯が広がっている。大小さまざまな工場が建ち並ぶ一角に、キングコンピュータの製造工場もある。研修所も併設しているので新人のときに研修で訪れたことがあるけれど、それ以外はあまり来たことがない。

僕と生田はスケルトンサーバーの試作を作ってもらうため、工場を訪れていた。工場内にいる製造部門のみなさんと膝を付き合わせながら、可能性を探った。とはいえ、専門的なことはまったくわからないので、みなさんの議論をメモしながら話を聞くので精一杯だった。

結果的に、サーバーの放熱性を考えるとアクリル樹脂で問題なくいけるのではないかとのこと。「巧遅より拙速」で、すぐにプロトタイプを作ってもらい、テストしてもらうことになった。テストは翌日の朝からやってもらうつもりだったけれど、早く試したかった僕は、「今からお願いできませんか？」と頼んだ。

しかし、これが致命的な結果を招く。

その日の夜、寝ていた僕はスマホの振動で起こされた。時計は深夜二時を指していた。何ごとかと思って電話に出ると製造部門の工場長からで、例のスケルトンサーバーから出火して、工場に燃え移ってしまったのだという。

「工場が燃える⁉」

僕は大声を出しながら飛び起きて現場に向かった。道路に飛び出してタクシーを拾った。タクシー代がどうだとか関係ない。とにかく必死だった。現場に近づくにつれ消防車のサイレンが聞こえてきて、生きた心地がしなかった。この騒動を僕が引き起こしてしまったというのか。僕が工場を燃やし尽くしてしまうというのか。

現場につくと消防車が二台停められており、すでに鎮火したようだった。辺りには放水したと思われる水たまりが生々しく存在している。タクシーを降りてよろよろと近づくと、工場長の姿が見えた。

「工場長！」

僕は駆け寄ると、工場長は「大丈夫、ボヤで済んだよ」と言ってくれた。僕は安堵から か、膝の力が抜けてその場で正座をするように座り込む。

ズボンの膝には放水後の水が染み込んできたけれど、何にも感じなくなっていた。

後日、消防の方から聞いた話では、やはりスケルトンサーバーが出火原因だという。試作のアクリルケースが熱で溶けてしまい、溶けたケースが近くに置いてあった紙の資料に引火してしまったらしい。

現場はボヤで済んだから良かったものの、その後は会社としての対応に追われることになった。

取締役は警察や消防局だけでなく、社長にも呼び出されて事情聴取を受けることになってしまった。再発防止策に関する資料も提出しなければいけないらしい。噂によると、営業担当役員として減給も免れないという話もあった。

僕は、もう終わりだ、と思った。ずっと取締役に言われてはいたけれど、いよいよ本当にクビになるんだろう。

数日して取締役からB会議室に来るよう呼び出された。

その瞬間、僕は覚悟を決めた。社会人として、組織人として、責任は取らなければいけない。

会議室に入ると、取締役は腕を組んだまま座っていた。

僕は深々と頭を下げてから口を開いた。

「とんでもない問題を起こしてしまいまして、本当に申し訳ありません。もう、無理ですよね」

取締役は顎髭を撫でてから「違うぞ、翔太くん」と言ってくる。

「何が違うんですか」と返すと、取締役はニヤリとした。

「けが人もなく、ケースの耐火性に難があることに気づいたじゃないか」

「……でも」

「**問題にぶつかるのは、運がいい証拠だ**」

「運が、いい……ですか？」。思わぬ言葉に僕は唖然とした。

「そうだ。行動すれば必ず難局は訪れる。問題にぶつかるのは難局を自分の力で乗り切れるチャンスじゃないか。危機はチャンスなりだ。行動を続けなさい」

僕は全身に入っていた力がどっと抜けた。そして、どことなく聞いたことのある話を思い出そうとしていた。

「危機はチャンス……そうか、**『人間の知恵は困らない限り出てこない』**でしたね」

「ちゃんと覚えているな」

僕は口角を持ち上げた。取締役は続けてくる。

「**困っていない場所で改善のニーズを見つけるのは難しい**。困難こそがいい発想の元となるんだ。ビジネスマンは困難や課題を通して未来の切り開き方を知っていく。困難や課題は忌み嫌うものでなく、歓迎すべきものなんだよ。トヨタでは、課題を探し出してでも改善しようとするぐらいだからね」

「わかりました」。僕は、大きくうなずいていた。

帰り道、電車の吊り革に手をぐらせながら考えた。

問題を解決する力のない人というのは、問題を避けて通りたがるのかもしれないな。以前の自分がまさにそうだ。何か問題が起きても、自分には関係ない振りをしようとしていた。

だけど、問題があることを改善のチャンスととらえる人は、**問題を通じて次のステージへと進む**ことができるんじゃないだろうか。

僕もこの問題にしっかり向き合っていこう、と気持ちを新たにした。

それから何度も工場に通い、スケルトンサーバーの開発に携わった。耐久性があって耐熱性の高いアクリル板をいくつか試しながらケースを開発してもらい、スケルトンサーバーは完成を迎えた。

あとは、本番環境に近い状態での稼働テストを残すのみだ。

36 できない一〇〇の理由より、できる一つの可能性

最後はオフィスのサーバールームに持ち込んで、朝から日中にかけて稼働させてみた。これなら何か問題があっても誰かしらがすぐに気付くだろう。

数日間かけて稼働させてみたけれど、熱の問題は特に起きなかった。ただ、別の問題が指摘され始めた。

「これ、暗いサーバールームだと、透明なケースっていうのがわかりづらいね」

「思ったよりインパクトがないんじゃない？」

「スケルトンの良さが出ていない気がする」

そんな言葉がみんなの口から漏れていた。


次の営業会議でみんなから出た意見をまとめていくと、徐々に後ろ向きな雰囲気になってきた。

「また別の提案を考え直してもいいんじゃないかな」などという声も出てきていた。

そんな空気の中、遅れて美香さんが会議室に入ってくる。

「ゴメン、遅くなって。スピードコンピュータ社の提案内容が少しわかったわ」

「え⁉」。会議室にいたみんなが驚きの声を上げる。

「どうやら性能推しで来るみたい」。少し息を切らしながら美香さんが言うと、「やっぱりそうかぁ」という声が漏れた。スピードコンピュータ社の強みは性能だから、そこでインパクトを出そうという作戦のようだ。

「美香さん、スピードコンピュータ社の動きがよくわかりましたね」。僕は思わず聞くと、美香さんは「ベンチマークしたのよ」と言って親指を立ててきた。

なんだかうれしくなったけれどすぐ我に返り、「そうすると、やっぱり我々は性能以外で勝負したほうがいいってことだよな」と口にした。

「よし、もっとビジュアルでインパクトを持たせようよ」

そう言ってから、受話器を取って内線をかけた。座間さんの運用チームも呼んで、一緒にアイデアを出し合おうと考えたのだ。

しばらくしてから座間さんとメガネくんも加わり、スケルトンサーバーをいかにインパクトのあるものにすべきか考えていった。

「一部にペイントを施したらどうだろう？」

「でも、それだとスケルトンの良さが薄れちゃう気がする」

「ケースを光らせることってできないのかな？」

「外から照明を当てればいいんじゃないの？」

「サーバーの台数分だけ照明を別で用意するの？　それは大変じゃない？」

議論は難航して、またしても後ろ向きな雰囲気になってきてしまった。

「やっぱり、透明なのに目立たせるってのは難しいんじゃ？」

そんな声がポツポツと増え始める。

僕は、そんな空気をかき消そうと思わず口にする。「いや、何とかやれる方法があるんじゃないかな」

するとと座間さんが、ボソリと言った。**「できない一〇〇の理由より、できる一つの可能性だな」**。

「なんですかそれ」営業メンバーが座間さんに投げかける。座間さんは淡々とした口調で続けた。

「なにかをやる前からできない、難しいと言っていては、できるモノもできなくなってしまう。できない言い訳より、**どうすればできるかを考える**のがトヨタなんだ、と前に取締役に言われた」

「そうですよね。どうすればできるか考えましょうよ」。僕はそう言いながら、みんなに議論を促した。再び会議室がにぎやかになり始める。

すると、しばらくしてメガネくんが発言した。

「座間さん、LEDをケースに埋め込めばいけるんじゃないでしょうか」

「そうか、LEDか。小さくて発熱も低いし、光量も確保できる。サーバーからの電源を分配させれば新たに電気を使う必要もないな」

いろいろな意見が出たものの、結局このメガネくんのアイデアでいこう、ということになり、数日後に専門店でLEDを買い集めた。

そして、座間さんたちと休日に集まって、そのLEDをケースに埋め込んでいく作業を行った。サーバーケースの背面側に小さな穴を開け、LEDの先端をはめ込む。そして配線をつなげていく。これをデモ用に一〇台分は用意していった。

作業も終盤に差しかかったころ、メガネくんが何やら筆を持ち出して透明な塗料をケースに塗っているのを見つけた。

「それは、何?」

「これはですね……」。そう言いながらメガネくんが耳打ちをしてくる。アイデアを聞いた僕は、思わず「いいねそれ」とニヤけてしまった。

週が明けてから最初の営業会議で、新しいスケルトンサーバーをお披露目した。サーバーラックに縦に一〇台並んだサーバー。LEDを点灯すると、ケースの輪郭に沿って光の筋ができ、美しい直線を描き出す。さらにサーバー内部のメカニカルな構造が光によって露わになり、近未来的な雰囲気を醸し出した。

「おお」。自分たちが考えたアイデアながら、想像以上のビジュアルに思わず声を漏らした。

僕はメガネくんに目で合図を送ると、メガネくんは五〇センチほどの青黒く光るライトを点灯して頭上に掲げる。

「さらにもう一つ、こちらをご覧ください」。僕はそう言いながらサーバールームの電気を消した。すると、サーバーラックに並んだサーバーが、ぼんやりと白く幻想的に輝きはじめる。

「おおお」「ブラックライトか！」「すごい」

「これは綺麗だな」。取締役も思わず口にしていた。

「ブラックライトに反応するサーバーなんて見たことがないのでインパクトはありますし、サーバーの中がしっかり透けて見えますので『透明性』というメッセージもしっかりアピールできるかと思います」

ひとしきり幻想的なサーバールームを堪能してから、電気を点けた。

金城取締役は全員を見渡しながら「みんな、やればできるじゃないか」と少し大きめの声で言ってくる。

「難しくて一時はどうなることかと思いましたけど」と僕が返すと、取締役は顎髭を撫でてから続けてきた。

「トヨタでも今まで数多くの難しいことに挑戦してきた。それまで三時間でやってきたことを三分にしろと言われたこともある」

「三時間を三分に？」。僕は言いながら唾を飲み込んだ。

「我々の先輩たちはもっと大変だった。生産性がアメリカの八分の一だった時代に、トップから『三年でアメリカに追いつけ』などと言われていたからな」

スケールの大きな話に圧倒されたのか、会議室はしんと静まりかえった。

「ただ、無理と思える課題を『無理だ』『不可能だ』『できない』などと逃げ回っているようでは、飛躍は望めない。まずは『**これはチャンスかもしれない**』と考えるといいだろう。そして、『**どうやったらできるだろうか**』と考えるんだ。その考えが、自分たちが跳躍するための踏み台となるはずだ。わかったかな」

みんなは「はい！」と返事をした。


そして、僕たちはいよいよコンペ当日を迎えた。

37 人間のやったことは、人間がまだやれることの一〇〇分の一にすぎない

先日オリエンを聞いた広い会場で、コンペは行われた。

参加した企業がそれぞれ順にプレゼンをしていく。我々キングコンピュータは最後から二番目、最後はスピードコンピュータ社だった。

緊張する間もなく僕たちの番がやってきた。生田や僕を含め三人で順にプレゼンをしていった。入社したころは自分が大勢の前でプレゼンをするなんて無理だ、って漠然と思っていたけれど、不思議なもので堂々としゃべれていた。社内で研修をやったおかげで自信がついたのかもしれない。生田の指導のたまものだ。

ひと通りの説明を終えてから、サーバーラックに並べた一〇台のサーバーでデモに移った。

LEDが点灯した際には歓声が沸き、ブラックライトを点灯させた際には拍手喝采が起きた。手応えは十分に感じた。

注目していたスピードコンピュータのプレゼン内容は、事前に美香さんがベンチマークしてくれていた通り、性能を前面にアピールしたものだった。処理速度が最高で、将棋のプロ棋士にも勝つほどの知能を持ったサーバーだという話があったときには、僕らのときと同じように歓声が湧いた。

プレゼンを終えて振り返ると、他の会社のことは特に驚異に感じることもなかった。実質的にはスピードコンピュータと我々キングコンピュータの一騎打ちではないだろうか。

どちらが勝つかはクライアント次第だけれども、僕は確信めいたものを感じていた。

そしてプレゼンから数日がたったある日、プレゼンの結果が町田部長宛てに電話で伝えられた。

結果は、「敗退」だった。

町田部長の口からそれが告げられたとき、僕たちは愕然とした。そして、重い空気が営業本部のフロア全体を包み込んだ。

「なぜですか？」

誰からともなく理由を聞くと、「御社とスピードコンピュータ社の二社に絞られた。どっちを採用しても遜色はなかった」という前置きがあってから「最終的にはすでに取引があるサーバーメーカーだから」ということでスピードコンピュータに決定したのだという。

「結局は出来レースじゃないのよ！」

美香さんが腕を組んだまま声を荒げる。。生田はがっくりとうなだれて、壁にもたれかかっていた。

僕らは精一杯やったのに、ダメだったのだ。

出来レースだろうが何だろうが、ビジネスの世界では結果がすべてだ。

でも、僕はふと思った。

これで終わりなのだろうか。まだ……まだ何かやれることがあるんじゃないだろうか。

それが何なのかはわからないけれど、そんな気がしてならない。

そんなモヤモヤを抱いていると、金城取締役が前方に立ってみんなに向かって話を始めた。

「営業本部のみんな、ご苦労さん。結果は残念だったが、これで何もかもが終わりだと思わないことだ。まだやれることはないだろうか？」

僕は驚いて顔を上げた。

「**人間のやったことは、人間がまだやれることの一〇〇分の一にすぎない**のだから、まだやれることを常に探しなさい」

僕が抱いていたモヤモヤが、左右に晴れ渡っていくような気がした。やっぱりそうなのか。でも、まだやれることって何だろう。僕はしばらく考えた。

それから数時間後、僕は町田部長に一つの提案をした。コンペに負けたからといって、せっかくご縁があった会社なのだから、ご挨拶だけでもさせてもらいたい、と。その場にいた美香さんも生田も「一緒に行く」と言ってくれ、結局コンペに臨んだメンバー全員で訪問することになった。

ＤＨＫ社の担当者は、申し訳なさそうに対応してくれた。

「なんかすみません、この度は……」と恐縮する担当者に、「この度は機会をいただきましてありがとうございました。また何かありましたら、ぜひよろしくお願いします」と全力で頭を下げた。僕たちは、清々しい気分に包まれていた。

＊

街路樹の葉はすでに散ってしまい、むき出しになった木の枝が空に向かって伸びている。朝はもうコートが必要になるほど肌寒くなっていた。

両手を擦り合わせながらオフィスに出社すると、美香さんがすでに席についていた。最近早く出社していて珍しいなぁなどと思っていると、僕の顔を見るなり大きな声を出してきた。

「翔太！　ニュース見た？」

「い、いえまだ」。僕は慌てて返事をすると美香さんが手招きして自分のデスクのディスプレイを僕のほうに向けてくる。ニュースサイトの記事のタイトルに、驚くべき文字が並んでいた。

「スピードコンピュータ社、インサイダー取引の疑い」と書かれていたのだ。

記事の内容はこうだ。スピードコンピュータ社の社員が関与するインサイダー取引があったという。DHK社からの受注について誰かが第三者に漏らし、株価が上がることを見越して利益を得ようとする動きをしていたらしい。

これが僕たちにどう影響してくるのかわからなかったけど、よく知っている会社のニュースだったのでとにかく衝撃だった。

「さて、どうなるのかしらね」と美香さんはニヤリとしていた。

数日後、DHK社の担当者が町田部長を訪ねてやってきた。

美香さんや僕もその場に呼ばれ、同席させてもらうことになった。

担当者は開口一番に言ってくる。

「あんな事件があったこともそうですが、御社にはとても誠意を感じました。ぜひこれから取引をさせていただけないでしょうか」

スピードコンピュータ社とはまだ正式な契約を結んでいなかったので、お断りを入れ、すんなりと受理してくれたらしい。

逆転勝利だ。


僕たちの案がＤＨＫ社に採用され、二〇〇台の受注につながることとなった。

担当者を見送った後、僕と美香さんと生田は、飛び上がりながらハイタッチを交わした。

「やりましたね！」「やった、やった！」

すぐにプレスリリースが配信され、怪しく光るサーバールームは途端にニュースになり多くのネットメディアでも話題となった。ソーシャルメディア上でも「このサーバールームすごい」などと拡散され、一度サーバールームを見てみたい、という問い合わせも急増、見学者が殺到することになった。

それによりＤＨＫ社はさまざまな企業の人と接触する機会も増え、多くの商談に発展していったのだという。

後日、担当者が再度訪問してきて興奮気味に話してくれた。

そして最後には「初めからキングコンピュータさんを選んでおけば良かったです。大変失礼いたしました」という言葉まで添えてくれた。

僕たちは、喜びの絶頂にいた。

しかし、その喜びから一転して、驚くべき事実を告げられてしまった。

金城取締役が今月限りでいなくなるというのだ。

38 変化こそが安全性を保証する

いつもの営業会議で、その事実は告げられた。

以前から金城取締役は、このコンペに勝ったら名古屋に戻るつもりだったらしい。そして、僕たちはコンペに逆転勝利したので、予定通り戻ることになったというわけだ。トヨタに新しくできるグループ会社に、社長として招かれているという。

「以前から何度も名古屋に呼び出されては頼まれていたんだ」

淡々とした表情で理由を語る取締役の横顔を見ながら、そう言えばこの人が悲しんだり喜んだりする顔を見たことがないな、と思った。

「私はこの環境でまだ何も結果を残していません、と告げたら『じゃあ結果を残したら速やかに来るように』と言われてしまった。そして先日のDHK社の受注だ。私の手柄ということでは決してないが、一つの区切りとして見られてしまった。明日の朝にはもうこの会社を去ることになる」

僕は、話したいことや聞きたいことがたくさんあったけれど、この日は商談がいくつも入っていて会話ができず、あっという間に一日が終わってしまった。

翌日の朝、取締役は最後の挨拶にとオフィスへやってきた。ビルのエントランスで、僕を含めた営業本部の何人かで取り囲んだ。

「このまま新幹線で向かうから、娘も連れてきたんだ」と言う取締役の後ろに女性が立っていたけれど、その顔を見た瞬間に僕は仰天した。

カフェ「ナレッジ」の友樹ちゃんだった。

友樹ちゃんは金城取締役の娘だったのか！　だから偶然ナレッジで会うことも多かったというわけか……。

「こんにちは。わたし名古屋にいる方と結婚するんですよ」

「ああ、そうだったんだ。じゃあ取締役も戻るし、ちょうどいいというわけですね」

「まあ、そういうことだな」。取締役はそう言ってから顎髭を撫で、続ける。

「そうそう翔太くん、来月から営業二課のリーダーはキミがやるんだ。これはもう町田部長にも話してある。決定事項だ」

突然の指示に僕は驚いた。

「え？　でも、美香さんは？　まさか、……美香さんも名古屋に？」

「そうだ、海老名くん本人の希望で、私の会社で働くことになった」

後ろのほうにいる美香さんに目を向けると、ニヤリとしながら「もうどんくさくないわね、翔太」と言ってきた。

生田も異動願いが受理され、教育部で新人研修担当になるという。プレゼン研修を通じて「教える」ということに目覚めたらしい。

僕は取締役から次々と告げられる話に驚きながら「なんだか、すごい変化が起きてますね」とこぼすと、「ああ、これからもいろんなことが起きるだろうが、大丈夫かな？　翔太くん」と言ってきた。

僕はゆっくり息を吸ってから答える。

「でも、……変化することで安定できるのかなって、そんな気がします」

すると取締役が僕の肩をポンと叩いて言ってくる。

「その通りだよ。トヨタにも**変化こそが安全性を保証する**、という言葉がある」

「変化こそが、安全性を保証する」。僕は、取締役の言葉を繰り返した。

「そう、今の時代は大きく変化しようとしている。その変化に対応する方法は、自分自身も変化することなんだ。企業の中で行われる『改善』はなんのために行うかと言えば、お客様のためだ。お客様が日々変化している以上、企業もお客様のために『改善』をし続けて需要を創造し続けなければならない。こと日本の企業はモノが売れないことやお客様が少ないことを、世の中のせいやお客様自身のせいにしてしまっている。自分たちがどれほど頑張っていようとも、お客様の求めるものの変化に対応できなければ結果はついてこないんだ。変わらないことは悪いこと。『これでいい』と思った時点で終わりだ」

そう言うと僕の目をしっかり見ながら「まあ、翔大くんなら大丈夫だよ。これからも行動を続けなさい」と言ってくれた。

僕も目を見ながら言葉を発する。

「取締役、最後に聞かせてください。なぜ、今まで僕を構ってくれていたんでしょうか」

首を傾げ、腕を組みながら返してくる。

「なぜだろうなぁ。ああ……昔の自分にそっくりで放っておけなかったのかもしれないな。机が汚いところとか」。そう言って取締役が歯を見せた。

すると横から友樹ちゃんが口を出してくる。

「そうそう。昔のパパも、机は汚いし何か嫌なことがあるとトイレにこもって出てこなかったわよね」

「取締役にそんな時代があったんですか⁉」。僕は目を丸くした。

「ま、まあ新人のころな。友樹が小学校ぐらいのときだろう、それ」

言いながら取締役が、今までに見せたことのない焦り顔に変わっていった。

「私は昨日のことのように覚えてるわよ」と友樹ちゃんが意地悪に笑う。

周囲にも、笑みが広がっていった。


ふと、取締役がおもむろに着ていた紺色のジャンパーを差し出してきた。

「これは、取締役がずっと着ていた……」

「そう、これは私がトヨタの現場でもずっと着ていたものなんだ。翔太くんにあげよう」

「いいんですか！」

取締役は満面の笑みを浮かべながらうなずいてくれた。

「もう新幹線の時間だ」

そう言ってから、取締役と友樹ちゃんはビルを出て駅に向かってしまった。

またいつか会うだろうから、悲しい気持ちにはならなかった。

ビルの出口から並木道へと歩いていく二人を見送ってからすぐ、僕はジャンパーの袖に手を通してみた。袖から出した手を空に向かって大きく広げる。

なんだか自分が、生まれ変わったような気がした。

POINT解説

行動思考

本章でも「巧遅より拙速」という言葉をご紹介しましたが、トヨタ生産方式の基本姿勢として正しくは「**改善は巧遅より拙速を尊ぶ**」という言葉が掲げられています。

実際、私がいた自動車整備の現場では、とにかく拙速な行動の連続でした。お客様も待っていますから早く動かなければいけませんし、修理の場合には一日も早く直して差しあげなければいけません。そのため、現場では「**まず動け**」というキーワードがよく飛び交っていました。

机上で考えていても、やってみなければわからない部分はあります。失敗してもいいから、まず動く。失敗だとわかれば、すぐに立て直す。そんな動きが日頃から求められていました。

現場には、上司から改善点を指摘されるとすぐその場で対策を考え、迅速に行動を起こす人が数多くいました。上司が着目していたのも「早く行動するかどうか」であり、立ち止まって考えてばかりで動きを見せないと本気で怒られていました。ですから、どんなにまじめに働いていても、行動が遅いがために重要な仕事を任されない人もいました。それがトヨタの厳しさでもあると思いますし、それぐらい行動の速さを求められていました。

一つ重要なのは、ただ素早く行動するだけでなく「**現場を見る**」「**現物を見る**」というように、前述の「**現場思考**」も影響してくることです。対策について上司に報告をすると「想像で話をするな。現場を見てこい」と、何度も上司に注意された経験があります。おそらく、この上司は先に現場を見ていて、すでに問題点を把握していたのだと思います。現場を見たうえで、迅速に改善を進めるための行動をする。このスピード感がトヨタの強さなのかもしれません。

トヨタの現場に限らず、一般のビジネスでもお客様とのやり取りにおいて速く行動するということは非常に重要だと思います。

「完璧だ」と自分が思っていても、相手に同じように「完璧だ」と感じてくれるとは限らず、独りよがりになる危険性があります。そこまでの付加価値は求めていないとか、それだとコストがかかりすぎるとか、お客様の求めているニーズとズレが生じることがあるからです。また、ズレがなくとも、時間の経過とともにお客様自身の考えが変化してしまうこともあるでしょう。

そうしたリスクを回避するためにも、スピードが重要になるのです。たとえ六〇点の完成度であっても、「まだ未完成ですが、いかがでしょう」と迅速に開示していけば、お客様とのズレに気づいたり、正しく修正する時間が捻出できます。

私の周囲にいる優秀なビジネスパーソンに共通するのは、みな「**巧速**《こうそく》」だということです。しかし、彼らは初めから「巧速」だったわけではないはずです。成長しながら「巧遅よりも拙速」ということを意識し、仕事に打ち込んでいった結果として「巧速」の仕事術を身につけたのだと思います。もちろん、理想は「巧速」ですが、まずは「拙速」を目指すべきだと考えます。

では、ビジネスにおいてスピード感のある対応を可能にするためには何が必要でしょうか。

それは、常日頃から自分の仕事について深く考え、精通しておくことではないでしょうか。必要な情報は知識としてきちんとインプットしておき、数字をもとにした論理的思考の習慣をつけておく。いつ、誰と会話をしてもポイントを的確に押さえた発言ができる。そういったことがベースにあるからこそ、素早い行動をしながらでも精度の高いアウトプットが出せるのだと思います。

スピードが結果を変える

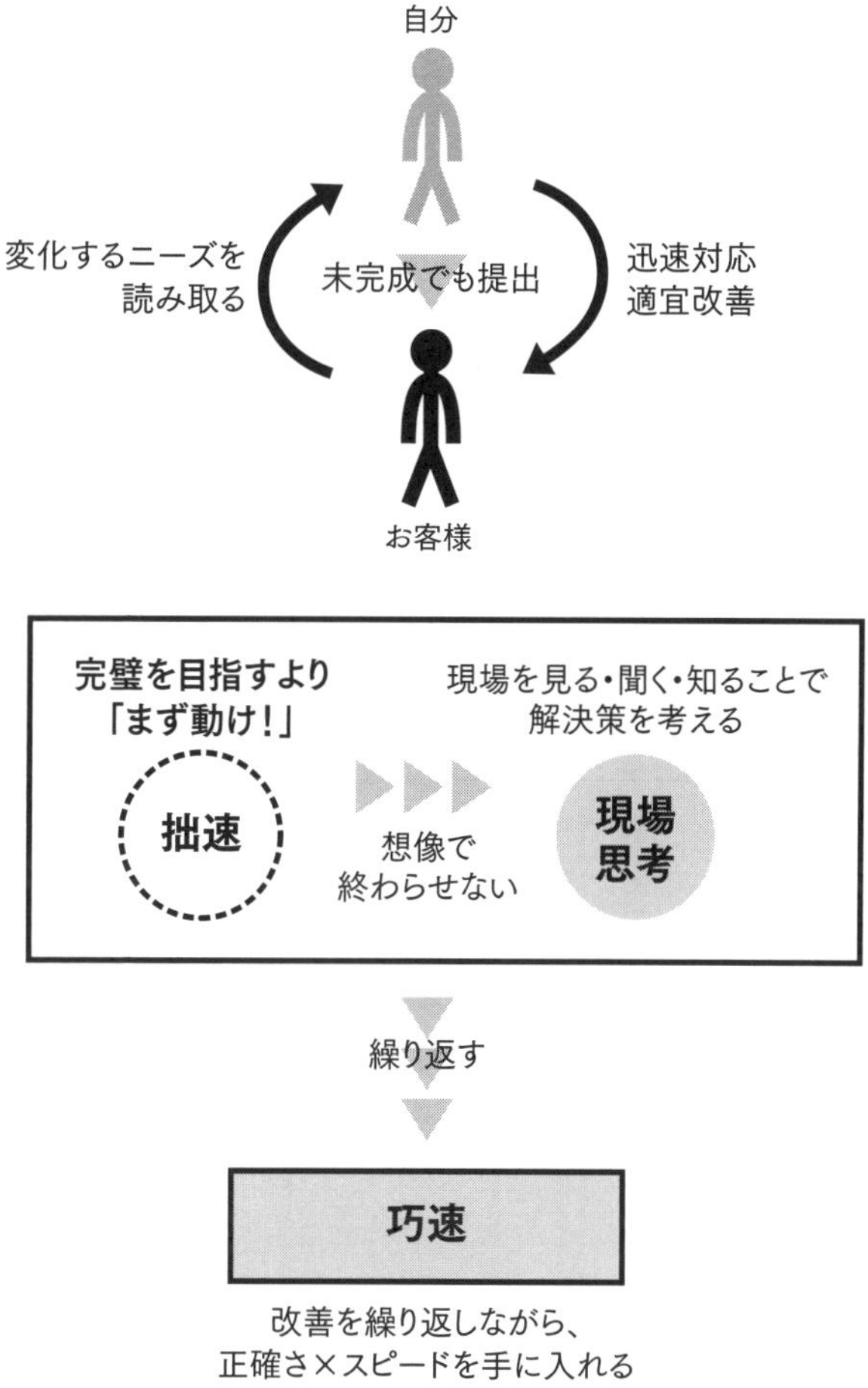
自分
変化するニーズを
読み取る
未完成でも提出
迅速対応
適宜改善
お客様
完璧を目指すより
「まず動け！」
拙速
想像で
終わらせない
現場を見る・聞く・知ることで
解決策を考える
現場
思考
繰り返す
巧速
改善を繰り返しながら、
正確さ×スピードを手に入れる

おわりに

「三五歳、転職限界説」というのを聞いたことがあるでしょうか。

転職市場では、三五歳以上になるとガクッと需要が減ってしまうというのです。

しかし、私の周りでは三〇代後半だろうが四〇代だろうが、次々と転職している人がいます。彼ら彼女らに共通するのは、「価値を提供できる人」だと思います。企業に貢献でき、価値が出せる人であれば、常に市場からは求められるのではないでしょうか。

自身の価値というのは、資格だとか組織に認められる時代から、市場に認めてもらう時代に移っていると思います。そんな時代のなか「価値を提供できる人」になるためにも、「自分で考える力」は重要になってきていると考えます。

「考え方」というと、やれ〇〇シンキングといった横文字系のコンサルタントに好まれそうなものを想像される方も多いと思います。実際、そういった本は書店にも数多く並んでいますが、本書でご紹介した考え方は、市場に出て仕事をするうえでの「前提」であり、「根底」の部分で理解しておく必要があるものではないかと日々実感しているところです。

トヨタでは、考えることと同様に「考えさせる」という文化があります。具体的には、例えば部下に教えるときに自分でやってみせて結果を出すと注意されてしまいます。「やってみせて、なぜ結果が出ないのかを考えることが重要。それをやらせずに自分でやって結果を出すのは間違っている」というのです。

発展途上国を支援するときによく言われることとして、「魚を与えるのではなく釣りの方法を教えなさい」という話がありますが、まさに同じ考え方で、相手のことを思いやると「考え方を教えてあげる」ということのほうが重要なのかもしれません。

日本人は「結果が出ないこと」「失敗すること」に対する考え方が特殊だな、と思うことがあります。これは、教育過程において「失敗は避けるものだ」と教えられて育っているからではないかと考えます。「失敗は避けるべきものである」と考えていると、「学び」という大きなメリットを享受することができないのではないでしょうか。

トヨタの現場にいた肌感覚から言うと、失敗というのは結果を出すための必須プロセスではないかと思うのです。

一人でも多くの方が本書のような「考え方」を手に入れて、失敗を経験しながら結果を出していってもらいたいと思います。

「改善」という考え方を念頭に、良いものは「横展」してください。

現場を大切にして、問題が起きたら「真因」を探ってください。

そんな「行動」をとり続けていれば、トヨタのようにいつまでも成長できるのではないでしょうか。

そうやって成長する人が増えていけば、日本という国もまだまだ成長の余地があるのではないかと真剣に思っています。

最後に、トヨタグループの創始者である豊田佐吉さんの言葉を紹介して、筆を置きたいと思います。

「障子をあけてみよ、外は広いぞ」

お読みいただいたみなさまが、自らの障子をあけて外へと踏み出し、活躍されることを願っています。

原マサヒコ

付録

「トヨタのログセ」まとめ

第1章 改善思考

1 時間は動作の影
▼ムダな動作はムダな時間を生む。ムダを減らして価値を生む仕事をする

2 頑張ることは汗を多くかくことではない
▼いかに頑張らずに成果物の価値を高めるかを考える

3 人間の脳は困らない限り知恵というのは出てこない
▼困れば困るほど知恵は出る。困ることを避けずに積極的に受け入れる

4 自働化
▼単に「動く」のではなく、人間として知恵を足すことが「働く」ということ

5 同じ石で二度転ぶな
▼過去に失敗したことを再び経験しないため、必死で知恵を絞るべき

6 代案もないのに反対するな

▼反対意見を出すときには、同時に必ず代替案を出すようにする

7 課題のない報告はいっさい受け付けない

▼事実を伝えるだけの報告は報告ではない。次につながる課題を盛り込む

第2章 横展思考

8 ベンチマークし続けろ

▼他社との差を明確に測定し、その差を埋めていくことに注力する

9 多能工

▼仕事の役割を決め付けるのではなく、幅広く対応できる人材を目指す

10 横展

▼発見した業務改善手法は、横に展開することで組織が強くなる

11 他部署を飯のタネと見ろ
▼周囲の助けによって自分の仕事が成り立っていることを理解する

12 算術より忍術
▼机上の計算で終わるのではなく、工夫次第で業務効率は上げられる

13 二階級上の立場で考えろ
▼部分最適に陥らず、視野を広げて全体を見渡すセンスを持つ

第3章 現場思考

14 自らを必死の場所に置け
▼厳しい局面の現場に立ち、必死に知恵を出す経験を重ねる

15 三現主義
▼とにかく現地に行って、現物を見て、現実を知ること

16 現場が先で、データは後だ

▼データはあたりをつけるだけに留め、とにかく現場をじっと見続ける

17 床にはお金が落ちていると考えろ

▼現場のニーズをしっかりと拾いあげることで大きな成果につながる

18 物に聞け

▼思考を巡らせるだけでなく、現物を直視しなければわからないこともある

19 現実から離れないためにも、数字から目を離すな

▼結果としての数字は現実を物語っている。必ず目を通すべき

20 売れに合わせて売れるものだけをつくれ

▼今売れるものをきちんと見極めながら、能動的な行動をしていくこと

21 離れ小島をつくるな

▼距離の遠さは心の遠さになる。組織内の距離感は縮めるべき

第4章 真因思考

22 言い訳をする頭で実行することを考えろ
▼自分を守るためではなく、実現する方法を考えることに時間を使う

23 「不運」で反省を打ち切るな
▼悪いことがあったら運のせいにせず、原因を追及して改善を図る

24 機械は壊れるのではなく、壊すことのほうが多い
▼防ぐことのできる異常は徹底して未然に防ぐ

25 カタログエンジニアはいらない
▼与えられたカタログ通りの動きをすることは、仕事とは言えない

26 逆らわず、従わず
▼業務命令はしっかりと受け止め、業務指示にはプラスアルファで返す

27 責任を追及するのではなく、原因を追究することに心を砕くべきだ

▼再発防止のためにも、起きてしまったことの原因を真っ先に考える

28 モグラ叩きをしない

▼派生して起きる事象に反応するのではなく、本質をしっかり捉える

29 五回のWHY

▼問題に対しては、原因がわかるまで「なぜ」と問いかけていく

30 真因

▼問題が起きた際、原因の背後には必ず真の原因がある

31 大切なのは「目的は何か」である

▼目的と手段を混同せず、何のために実行するのかを意識する

第5章 行動思考

32 巧遅より拙速
▼速く動けば上手くいっていないことがすぐに明らかになる

33 人間関係は口より耳でつくれ
▼話を聞くことを重視すれば、相手が望むことが見えてくる

34 まずは、いい案より多い案
▼質の高いアイデアを意識して力まず、量を出すことを重視する

35 問題にぶつかるのは、運がいい証拠だ
▼困難こそが発想の元。難局に出遭うほどアイデアが生まれやすい

36 できない一〇〇の理由より、できる一つの可能性
▼実現できない理由など考えるだけ無駄。実現の可能性を探るべき

37 人間のやったことは、人間がまだやれることの一〇〇分の一にすぎない

▼完璧などない。まだやれることはないかと模索することが重要

38 変化こそが安全性を保証する

▼世の中の変化に対応する方法は、自らも変化し続けること

［著者］
原マサヒコ（はら・まさひこ）
元トヨタNo.1メカニック。株式会社プラスドライブ代表取締役CEO。
1996年トヨタ自動車にメカニックとして入社し、5000台もの自動車修理に携わる。現場において口グセを徹底的に叩き込まれ「自分で考える習慣」を身につけると、技術力を競う「技能オリンピック」で最年少優勝を果たす。さらに、カイゼンのアイデアを競う「アイデアツールコンテスト」では２年連続全国大会に出場するなど活躍。IT業界へ転身すると、PCサポートを担当したデルコンピュータでは「５年連続顧客満足度No.1」に貢献。2015年にWEBマーケティングを推進する株式会社プラスドライブを設立しCEOに就任。WEBマーケティングの現場において日々自分の頭で考えながら、クライアントの利益向上に貢献している。著書に『新人OLひなたと学ぶどんな会社でも評価される トヨタのPDCA』（あさ出版）などがある。

どんな仕事でも必ず成果が出せる
トヨタの自分で考える力

2015年７月24日　第１刷発行

著　者——原マサヒコ
発行所——ダイヤモンド社
〒150-8409　東京都渋谷区神宮前6-12-17
http://www.diamond.co.jp/
電話／03·5778·7232（編集）　03·5778·7240（販売）
装丁————萩原弦一郎、藤塚尚子（デジカル）
本文デザイン—荒井雅美（トモエキコウ）
製作進行——ダイヤモンド・グラフィック社
印刷————八光印刷（本文）・加藤文明社（カバー）
製本————本間製本
編集担当——市川有人

ISBN 978-4-478-06459-7